Charles Henry Rohe

Thamar: oder die Zerstörung Jerusalems

Charles Henry Rohe

Thamar: oder die Zerstörung Jerusalems

ISBN/EAN: 9783743357853

Hergestellt in Europa, USA, Kanada, Australien, Japan

Cover: Foto ©ninafisch / pixelio.de

Manufactured and distributed by brebook publishing software (www.brebook.com)

Charles Henry Rohe

Thamar: oder die Zerstörung Jerusalems

Thamar

oder

Die Zerstörung Jerusalems.

Eine Erzählung von C. H. Rohe.

Columbus, Ohio:
Lutherische Verlagshandlung.

Inhalts-Verzeichnis.

	Seite.
Erstes Kapitel: —	
Umschau . . .	1
Zweites Kapitel: —	
Thamar und Simri . .	7
Drittes Kapitel: —	
Der letzte Versuch .	19
Viertes Kapitel: —	
Kämpfe . .	35
Fünftes Kapitel: —	
Beginn der Belagerung . .	46
Sechstes Kapitel: —	
Der Adler umkreist das Aas .	56
Siebentes Kapitel: —	
Letzte Friedensanbietung . .	70
Achtes Kapitel: —	
Ist er's oder ist er's nicht? .	82
Neuntes Kapitel: —	
Eine unerhörte That .	94
Zehntes Kapitel: —	
Das Gericht .	109

Thamar;
oder
Die Zerstörung Jerusalems.

Erstes Kapitel.
Umschau.

Ein großer Jubel durchbrauste die Straßen und Gassen Jerusalems. Das Lärmen und Toben wilder Volksfreude rauschte von einem Ende der Stadt bis zum andern und hallte von den Felsenseiten des Zion und des Moriah wider und scholl über die Mauern in die Ferne.

Ehe wir uns jedoch mit der Ursache dieses allgemeinen Volksfestes bekannt machen, wollen wir uns die Stadt selbst ein wenig in Augenschein nehmen. Das können wir am besten, wenn wir auf die mittlere, höchste Kuppe des Ölbergs treten, wo vor weniger als vierzig Jahren unser Heiland seine zwölf erlesenen Zeugen segnete und in einer Wolke vor ihren Augen gen Himmel fuhr. In unserm Rücken hinter dem Toten Meere und den blauen Bergen Moabs steigt die Morgensonne empor. Noch liegt die Stadt vor uns im tiefen Schatten des mächtigen Berges, auf dessen Gipfel wir stehen. Je mehr aber die Königin des Tages vom Osten heraufklimmt, desto mehr weichen die Schatten von den Zinnen, Türmen, Dächern, Mauern und Berghäuptern der Stadt, bis die wunderbarste aller Städte des Erdbodens im Glanze des Tageslichtes vor unseren Augen liegt und nur noch das Kidronthal wie ein dunkler Streif uns von derselben trennt. Eine Aussicht von entzückender Schönheit ist es, die wir hier genießen.

Uns gerade gegenüber jenseit des Kibron erhebt sich der steile Abhang des Moriah, und auf demselben steigt die gewaltige Mauer des Tempelvorhofs empor. Dahinter klimmen die verschiedenen Abteilungen des heiligen Gebäudes terassenförmig zu einer großen Höhe hinan, und den Gipfel krönt das marmorne Tempelhaus selbst, das aus der Ferne angesehen wie ein majestätischer Schneeberg schimmert, und sein goldenes Dach flammt in den Strahlen der Morgensonne wie ein Feuermeer. Der Scheitel dieses Berges war die Stätte, an welcher einst Abraham auf Gottes Befehl seinen Sohn Isaak opfern wollte; an welcher in späterer Zeit der herrliche Tempel Salomos erstand. Der Prachtbau, welcher jetzt auf dem altehrwürdigen Berge die Bewunderung der Welt herausforderte, war ein Werk Herodes des Großen, des Mörders der bethlehemitischen Kinder. Unmittelbar an die Nordmauer des Tempels schließt sich die starke Burg Antonia. Jenseits des Tempelberges erstreckt sich in seiner Ellbogenkrümmung der Hügel Akra. Derselbe war in alten Zeiten höher als der Moriah, wurde aber später so weit abgetragen, dass er niedriger war als dieser. Jetzt lag auf diesem abgetragenen Bergrücken die sogenannte Unterstadt. Weiter links erhebt sich der höchste und mächtigste Berg der Stadt, der herrliche Zion. Er wird vom Akra im Norden und vom Moriah im Osten durch das sogenannte Käsemacherthal geschieden. Auf ihm liegen die Burg Davids, der Palast des Hohenpriesters, der weltberühmte Palast des Herodes, das Haus, in welchem Jesus das heil. Abendmahl einsetzte und der Heilige Geist über die Apostel ausgegossen wurde, und andere merkwürdige Gebäude. Nordwestlich davon liegt der geringere Hügel Golgatha, auf welchem der Sohn Gottes sich selbst für die Sünde der Welt

Die Zerstörung Jerusalems.

zum Opfer brachte, wo er auch in dem neugehauenen Grabe des Joseph von Arimathia begraben wurde und am dritten Tage von den Toten auferstand. Damals lag er noch außerhalb der Stadt, jetzt aber, seitdem König Agrippa zum Schutze des neueren, nördlichen Stadtteils eine dritte Mauer aufführte, finden wir ihn innerhalb der Stadtmauern. Auf allen Seiten begegnen unsern Blicken die starken Befestigungswerke der Stadt, von welchen zahlreiche Türme in gewissen Entfernungen von einander in die Höhe steigen. Nach Norden schweift unser Blick bis nach den Bergen Samarias, nach Westen bis in die blaue Ferne nach dem Mittelländischen Meere zu, und nach Süden bis zu den grünen Bergrücken des Gebirges Juda hinauf.

Auf Zion lag die Stadt Salem, aus welcher in grauer Vorzeit Melchisedek mit Brot und Wein dem siegreich zurückkehrenden Abraham entgegenging. Später hatten die Jebusiter die Stadt inne, und erst David vertrieb sie daraus völlig. Unter David und Salomo wurde Jerusalem die weltberühmte Hauptstadt des Volkes Israel. Nebukadnezar zerstörte es von Grund aus samt dem salomonischen Tempel und führte die Juden in die babylonische Gefangenschaft. Nachdem sie siebzig Jahre darin geseufzt, durften sie in ihr heiß geliebtes Heimatland zurückkehren und Stadt und Tempel wieder aufzubauen anfangen. Mehrere Male war die Stadt bis zur Zeit, von welcher wir reden, erobert, teilweise oder ganz zerstört und wieder auferbaut worden und jetzt strahlte sie durch den Aufwand Herodes des Großen in einer Pracht und Herrlichkeit, wie nie zuvor.

Aber ach, im Innern stand es um so trauriger. Er, der das Licht und das Leben ist, war in sein Eigentum gekommen, aber die Seinen hatten ihn nicht aufgenommen.

Sie hatten den Fürsten des Lebens gekreuzigt, den Herrn der
Herrlichkeit getötet. Jerusalem hatte sein Heil von sich ge=
worfen und sich selbst nicht wert geachtet des ewigen Lebens;
es hatte die Zeit nicht erkannt, in welcher es von seinem
barmherzigen Gotte war heimgesucht worden. Noch gegen
vierzig Jahre gab Gott in seiner Langmut dem Volke Frist
zur Buße. Allein es rannte mutwillens immer tiefer ins
Gericht der Verstockung hinein, bis der schauerliche Fluch an
ihm in Erfüllung ging, welchen es selbst in wahnsinniger
Verblendung über sich ausgerufen hatte: „Sein Blut komme
über uns und über unsere Kinder!" Denn wie sie mit dem
Haupte umgesprungen waren, so gingen sie auch mit den
Gliedern um. Kaum war die junge Kirche am Pfingstfeste
gegründet worden, so brach auch gegen sie der Haß dieser
Christusfeinde in offene Verfolgungen aus. Petrus und
andere wurden wiederholt ins Gefängnis geworfen; der hei=
lige Stephanus hauchte seinen betenden Geist aus unter den
Steinwürfen knirschender Pharisäer; Jakobus, der Bruder
Johannis wurde mit dem Schwerte getötet; Jakobus, der
Gerechte, der Bruder des Heilands, wurde von der Zinne
des Tempels heruntergestürzt. Ein Saulus wütete und
schnaubte im Auftrag der Hohenpriester gegen die zitternden
Schafe Jesu mit Drohen und Morden, drang den Christen in
die Häuser und spürte sie in ihren Verstecken auf, um sie in
die Kerker zu schleppen, und begab sich sogar nach dem fer=
nen Damaskus, um für den Christenhaß der Juden Opfer
herbei zu holen.

Jerusalem wurde jetzt rasch zu einem Aase, zu welchem sich
in Bälde die Adler sammeln sollten. Aus Gottes gerechtem
Gerichte stand jetzt ein falscher Prophet, ein Betrüger, Zau=
berer, falscher Messias nach dem andern auf und versprach

dem tollen Volke, das in seiner fleischlichen Gesinnung einen weltlichen Messias wollte, Wunderdinge, wodurch viele Tausende elendiglich ins Verderben geführt wurden. Und besonders in Jerusalem spaltete das Volk sich in zwei Hauptparteien; die eine bildeten die Gemäßigten, die es mit den Römern hielten und mit dem römischen Heidentum zum Teil förmlich buhlten, wodurch sie immer tiefer in sittliche Fäulnis versanken; die andere bestand aus den Zeloten oder Eiferern, welche um jeden Preis an den väterlichen Satzungen festhalten und das römische Joch abschütteln wollten. An der Spitze dieser Zeloten stand Eleazar, der Befehlshaber der Tempelwache. Selbst zwischen den Priestern und Hohenpriestern entstanden allerlei Fehden, in welchen Gewaltthätigkeiten aller Art verübt wurden. Dazu vermehrten sich in erschreckender Weise im ganzen Lande die Räuberbanden, Meuchelmörder und Sikarier oder Dolchmänner, so daß das Volk Tag und Nacht an allen Enden in beständiger Todesfurcht schweben mußte. Die ärgste Zuchtrute aber waren die römischen Landpfleger, die das Land aussaugten, beraubten, brandschatzten und unschuldiges Blut vergossen. Der letzte Landpfleger, Gessius Florus, stieß dem Faß den Boden aus, indem er den Juden die Synagogen verbauen und vor dem Eingang derselben heidnische Opfer verrichten ließ, nicht nur einzelne Personen, sondern ganze Städte ausplünderte, zuletzt sogar an den Tempelschatz seine frevelhafte Hand legte und unter den Juden, die dagegen murrten, ein schreckliches Blutbad anrichtete, ja viele, die sogar römische Ritter waren, geißeln und kreuzigen ließ. Nun gab Eleazar mit seinen Zeloten das Zeichen zum Abfall und offenen Kriege, indem er es durchsetzte, daß hinfort das vorgeschriebene tägliche Brandopfer, bestehend aus zwei Lämmern und einem Stier, nicht mehr für den römischen Kaiser dargebracht wurde, welches seit den Zeiten des Kaisers Augustus für ein Zeichen der Unterwerfung des jüdischen Volkes unter die römische Herrschaft gegolten hatte. Die Partei der Gemäßigten sandte an König Agrippa um Hülfe wider Eleazar und erhielt 3000 Reiter zum Schutze. Dafür wurden sie von den Eiferern von der Teilnahme am Tempel ausgeschlossen, und Eleazar drang, nachdem er seine Anhänger durch Räuberbanden verstärkt, in die Oberstadt auf dem Zion, welche die Gemäßigten inne hatten, ein, verbrannte den Palast des Königs Agrippa und des Hohenpriesters samt den Schuldurkunden, und erstürmte dann die Burg Antonia. Die Truppen des Königs und der Gemäßigten entließ er; die Römer jedoch, welchen er, wenn sie die Waffen strecken würden, freien Abzug zugeschworen hatte, ließ er nachher alle, als sie ihre Wehren abgelegt, niederstoßen, und zwar am Sabbathtage, was in den Augen der Frommen unter den Gemäßigten diesen mörderischen Eidbruch um so greulicher machte.

So wurde die Rache Gottes, die bereits entbrannt war, immer mehr herausgefordert. Allenthalben im jüdischen Lande rumorte und gährte es. Ein Aufruhr nach dem andern, ein Blutbad nach dem andern setzte alles Volk in fieberhafte Aufregung. Auch fielen in Galiläa und Peräa, in Phönizien und Syrien, sogar in Ägypten bereits die Heiden wütend über die Juden her; in Cäsarea allein wurden 20,000, in Alexandria sogar 50,000 Juden hingeschlachtet.

Endlich brach Cestius Gallus, der syrische Statthalter, mit einem großen Heere auf und belagerte Jerusalem. Allein es gelang unter Gottes Verhängnis den Juden, sich seiner zu erwehren, bis er die Belagerung aufhob, und ihm auf der

Flucht schwere Verluste beizubringen, sowie alle Römer aus dem Lande zu vertreiben. Und dieser Sieg war es, der jetzt in Jerusalem, wie wir im Anfang berichteten, mit einem so rauschenden Volksfeste, durch lärmende Umzüge mit Palmenzweigen in den Händen, durch Gelage, Musik und Tanz, wie auch durch Dankopfer im Tempel gefeiert wurde. Den Gemäßigten jedoch, sowie alten verständigen Leuten war bei dem allen nicht wohl zu Mute, und insonderheit die kleine Herde der Christen in Jerusalem, die sich von allen Aufruhren und Tumulten fern gehalten hatte, trauerte tief über die Verblendung und Verstockung des Volkes, wie über das schauerliche Gottesgericht, welches, wie sie nur zu deutlich sahen, gleich einer schwarzen Gewitterwolke unabwendbar heraufkam.

Zweites Kapitel.

Thamar und Simri.

Durch den Sieg über Cestius Gallus war den Juden der Mut mächtig gewachsen. Das ganze Land wurde jetzt zur besseren Verteidigung gegen die Römer unter mehrere Anführer verteilt.

In Jerusalem wurden unter der Leitung Eleazars die Mauern ausgebessert, Waffen aller Art verfertigt, junge Mannschaft einexerziert und der Tempelberg mit seinen gewaltigen Mauerwerken noch unangreifbarer gemacht. Während der rastlos thätige Anführer der Zeloten hiermit beschäftigt ist, wollen wir in seine Wohnung eintreten und uns darinnen bekannt machen.

Dieselbe lag in der Oberstadt, auf dem Zion. Die Straße, an welcher sie stand, würden wir kaum eine Gasse nennen, so eng war sie, wie überhaupt alle Straßen Jerusalems. Sie führte nach Osten hinunter und über die aus gewaltigen Felsblöcken erbaute Brücke, die zugleich eine Wasserleitung trug, nach dem Tempelberge.

Das Haus war, wie alle Wohnungen der Stadt, aus Stein erbaut und die Wände von außen und innen mit einer Tünche von Gyps überzogen. Die Thüren, Fenstergitter und Treppe bestanden aus Sykamorenholz. Es hatte über einem kleinen Keller nur ein Stockwerk mit mehreren Zimmern. Auf dem flachen Dache aber erhob sich ein Söller oder Oberzimmer, wohin man sich zur Beratung, zum Gebete, zur Erholung und Erfrischung zurückzuziehen gewohnt war, wo man auch Gäste herbergte oder seine Kranken verpflegte, oder Leichen bis zur Bestattung bewahrte. Am Rande lief um das ganze Dach dem Gesetz Mosis gemäß eine Brustwehr oder Geländer. Hinter dem Hause befand sich ein kleiner Garten. Es war offenbar eins der vornehmsten Privathäuser in der Oberstadt. Das Haupt- oder Empfangszimmer war mit bunten Teppichen belegt und mit goldverzierten Spiegeln, silbergeschmückten Marmelgefäßen, Perlmutter, Schildkrötenschalen, bunten Seemuscheln und andern Gegenständen morgenländischer Pracht reichlich ausgestattet. Ein schöner Tisch aus Marmor mit silbernem Leuchter, ein mit weichen Kissen belegtes Ruhebett und Polster und Sessel, mit Elfenbein ausgelegt, vollendeten die Ausstattung des Zimmers. Und mehr noch als in manchen Häusern ärmerer Juden herrschte hier die äußerste Reinlichkeit. Denn weder Schweine noch andere unreine Tiere durften in Jerusalem gehalten werden. Kein Leichnam durfte in der Stadt bleiben, noch die Gebeine eines Verwesten durch die Straßen getragen werden. Aus demselben Grunde wurde außer dem

Die Zerstörung Jerusalems.

Grabmal Davids und dem der Prophetin Hulda kein anderes Grab in der Stadt geduldet, ebensowenig ein Misthaufen oder sonst etwas, wodurch die strengen Gesetzesfrommen hätten verunreinigt werden können.

In ihrer Wohnung saß jetzt Thamar, die schöne Tochter Eleazars, vor dem Fenster und schaute träumerisch hinaus. Sie hatte, um der warmen, duftigen Frühlingsluft möglichst freien Einzug in das Gemach zu schaffen, das Drahtgitter aufgeschoben. In Thälern, Wiesen und Gründen, wie auch auf Hügeln und Bergen grünte und blühte, neues, frisches, fröhliches Leben. Die Blumen hauchten ihre erfreuenden Düfte und die Bäume prangten in ihrer Blütenpracht voller Verheißung auf die kommende Ernte. Und wie in der ganzen Natur, so war es auch im Herzen dieser herrlichen Jungfrau Frühling. Ihr großes schwarzes Auge strahlte vor Glück und feuchtete sich öfter vor Freude. Auf ihren edlen Gesichtszügen spielte das Lächeln einer Seele, die sich hoch erhoben fühlt im Vorgenuß einer künftigen großen Freude. Sie war eine Braut und eben jetzt versunken in die süße Beschäftigung, die Einzelheiten der nahe bevorstehenden Hochzeit hin und her zu überlegen. Sie saß in ein einfaches Gewand gehüllt, ein großer Ring schmückte ihren Vorderarm und einige goldene Nadeln hielten ihr reiches Haar, das von der zurückgeschlagenen Hauptbinde nur teilweise bedeckt wurde, zusammen. Ein Gürtel von kostbarer Kaschmirwolle, mit Gold durchwirkt und mit Edelsteinen besetzt, schnürte das faltige Gewand um den schlanken Leib zusammen. Ihre Füße waren bar, nur außer dem Hause trug sie lederne Sandalen. Ihr junges Herz pochte und ihr großes Auge schaute sinnend ins Weite.

Eben trat Zilla, die ältere ihrer beiden Mägde herein.

Mit diesen hatte Thamar schon zwei Jahre lang, seit dem Tode ihrer Mutter, den ganzen Haushalt ihres Vaters, dessen Gedanken von den Angelegenheiten des Tempels und des Landes Tag und Nacht eingenommen waren, verwaltet und zwar mit solcher Klugheit und Sorgfalt, daß das Herz ihres Vaters sich ruhig auf sie verlassen konnte.

„Zilla", fragte Thamar jetzt, aus ihrer süßen Träumerei aufwachend, „sind die Betten für Maria und Nathan und ihr herziges Söhnchen in Bereitschaft?"

„Ja", war die eintönige Antwort. „Und ist die Kalbskeule auf dem Feuer? Wenn unsere Leute ankommen, werden sie Hunger haben."

„Ja."

„Aber was ist dir denn, Zilla? Du machst ja ein verzweifeltes Gesicht."

Mit hervorstürzenden Thränen fiel die Magd ihr zu Füßen und bat: „Gnade, Herrin! Verzeihung, Verzeihung!"

„Ei, ei! Wofür denn?"

„Als deine Magd"—sie konnte es kaum vor Schluchzen hervorbringen — „in deinem Zimmer reinigte, stieß sie von ungefähr an dein marmornes Waschbecken, es fiel vom Tisch und zerbrach."

Thamar faßte ihre Magd am Arm und richtete sie auf mit den Worten: „Gieb dich zufrieden, Zilla! Ein Waschbecken läßt sich wieder ersetzen. Gieb dich zufrieden!" Und sie strich ihrer getrösteten Dienerin die Zähren von den Wangen und entließ sie mit freundlichen Augen in die Küche.

Dann stand die blühende Jungfrau auf und ging auf die Treppe zu. Jetzt erst erschien die herrliche, hochgewachsene Gestalt in ihrer vollen Schönheit. Sie schritt, eins der schönsten Gebilde der Hand Gottes, dahin wie

eine Königin voller Hoheit und Anmut. Sie trug mit
Recht den Namen Thamar, das heißt die Palme. Sie
eilte hinauf auf das Dach, um oben in der Sommerlaube
ungestört allein zu sein und Gott zu danken für das große
Glück, wovon ihr warmes Herz so voll war. Als sie das
gethan, trat sie in die Thür des Söllers und ließ ihre Blicke
die Straße entlang wandern nach Osten und am Tempel
vorbei bis an den Oelberg, ob sie die kommenden Verwand=
ten noch nicht erspähen könne. Denn ihre Schwester Maria
von jenseits des Jordan wollte heute mit ihrem Gatten und
Söhnlein, das seine Tante noch nicht gesehen hatte, hier
eintreffen, um der nahen Hochzeit Thamars beizuwohnen.
Sie schaute angestrengt aus, indem sie die Augen vor der
blendenden Glut der Nachmittagssonne, in welcher sich die
ganze Gegend badete, mit den Händen schützte. Da klopfte
es unten an die Thür des Hauses. Sie trat an die Brüst=
ung und blickte hinunter. Da hielten die Erwarteten schon
vor der Thür, Maria mit ihrem Säugling auf dem bestaub=
ten Maultier und Nathan, der von dem seinigen bereits
herabgesprungen war, daneben.

Als die erste Freude der Begrüßung und des Wieder=
sehens vorüber war und Thamar mit dem Neffen durch
Herzen, Drücken und Küssen Bekanntschaft geschlossen hatte,
mußte die jüngere Sklavin Eva dem Knechte Nathans be=
hülflich sein, die Maultiere zu den zwei Eseln Eleazars in
den Stall zu führen abzusatteln und zu füttern, Zilla aber
erhielt den Befehl, hurtig den Tisch zu decken, um die müden
und hungrigen Ankömmlinge zu erquicken. Thamar selbst
schnürte ihnen die Sandalen ab und holte Wasser herbei,
daß sie ihr Füße wuschen — ein Dienst, den sonst nur die
Mägde zu thun hatten. In kurzer Zeit prangte die Tafel

mit der dampfenden Kalbskeule, schneeweißem Weizenbrot, Oliven, Datteln, Feigen, getrockneten Weintrauben, geröstetem Getreide, einer Schüssel frischer Milch und einem Gefäß alten Weins aus dem wohlversorgten Keller Eleazars einladend vor den Augen der Hungrigen, die sich, nachdem sie die Hände abgespült und ein kurzes Tischgebet gesprochen, nicht lange nötigen ließen, sich auf die Polster zu lagern und zuzugreifen. Die Speisen wurden mit den Fingern zum Munde geführt; denn Löffel, Messer und Gabeln brauchten die Juden bei Tische nicht. Die Angekommenen erzählten von den Erlebnissen ihrer Reise durch die von Räubern so oft unsicher gemachte Gegend zwischen Jericho und Jerusalem, die unter Gottes Schutze glücklich von statten gegangen sei, wie von dem Stande ihrer Saaten, ihrer Herden und dergleichen in der Heimat. Es war so viel, was sie der teilnehmenden, strahlenden Schwester zu berichten hatten, seitdem sie bei dem letzten Laubhüttenfeste in Jerusalem gewesen waren, daß ihnen der Braten auf dem Tische dabei schier kalt wurde und zwei Stunden in der Geschwindigkeit herumgeflogen waren. Endlich erhob sich Nathan vom Mahle, spülte abermals seine Hände ab und machte sich auf den Weg nach dem Tempelberge, um seinen Schwiegervater Eleazar und dessen Sohn Ela zu begrüßen; und Zilla mußte abdecken.

Als die beiden Schwestern allein waren, fiel Thamar der Maria um den Hals und ergoß sich in einer Flut von Thränen. „O, ich bin so glücklich, Maria!" rief sie. „Ich bin so glücklich! so glücklich! Mein Herz ist so voll. Ich kann die Wonne nicht in meinem Busen verschließen. O es ist zu schön, zu schön! Ich fürchte oft, es wird keinen Bestand haben." „Nun, nun! beschwichtigte die Schwester

Die Zerstörung Jerusalems.

sie, mäßige dich! Zerfließ mir nur nicht unter den Fingern in deiner Verzückung! Es wird doch kein Engel sein, mit dem du verlobt bist. Mein Herz war seiner Zeit auch zum Springen voll. Aber wenn man erst die Flitterwochen glücklich überstanden hat, sieht man doch ein, daß der Auserkorene aus demselben Stoffe gemacht ist, wie andere Sterbliche." „Nein", rief Thamar sich aufrichtend, „seines gleichen ist in Jerusalem nicht. Wenn du ihn nur erst kennst, Maria!" „Schwerlich wird er mir eine andere Meinung von den Männern beibringen." „Aber ich sage dir, Simri ist ein ganzer Mann, ein edler Mann, ein herrlicher Mann! In seiner Brust schlägt ein großes Herz. Er hat mich innig lieb. Er wird mich auf den Händen tragen, und ich laufe für ihn durch Feuer und Wasser."

„Kühl, Schwesterchen, kühl! Du bist ja ganz trunken in bräutlicher Wonne. Vorläufig gehen wir weder durch Feuer noch durch Wasser." Thamar schwieg einen Augenblick. „Aber" — hob sie dann an und verstummte wieder mit einem Seufzer; eine Wolke flog über ihr heiteres Antlitz.

„Nun?" forschte Maria, deren Neugier sich regte; „heraus damit!" „Seit einigen Wochen, fuhr Thamar fort, ist Simri in meiner Gesellschaft oft plötzlich sehr ernst und fast tiefsinnig, als ob ein schweres Geheimnis auf seinem Herzen lastete. Ich bin schon mehrmals in ihn gedrungen, er solle mir die Ursache offenbaren, allein er ist mir bis daher immer ausgewichen."

Da klopfte es. Thamar sprang auf und öffnete. Eine schöne männliche Gestalt mit kurzem schwarzen Vollbart stand vor der Thür. Ein lederner Gürtel schnürte den Leibrock um die Hüften zusammen und ein faltiger Überwurf hing von der linken Schulter herab. Es war Simri. „Friede sei mit euch!" so grüßte er, indem er sich tief verneigte mit über der Brust gekreuzten Händen. Die beiden überraschten Frauenzimmer dankten ihm unter denselben Gebärden mit den Worten: „Gelobt sei der Gott Israels!" Seine Braut empfing ihn pochenden Herzens mit dem üblichen Begrüßungskuss, während Maria in schweigender Bewunderung den stattlichen jungen Mann betrachtete. Thamar führte ihn ins Haus, wo er, wie es Sitte war, seinen Turban auf dem Haupte behielt. Auch seine Schnürsohlen zog er jetzt nicht mehr von den Füßen, wie es die Sitte von einem Gaste beim Eintreten in ein vornehmes Haus verlangte, weil er ja hier jetzt zu Hause war und als ein Glied der Familie galt. Seine glückliche Verlobte machte ihn alsbald mit ihrer Schwester bekannt, welche nach empfangenem Freundschaftskusse mit etwas steifen Worten erklärte, daß sie sich hochgeehrt und glücklich schätze, ihn in ihrer Verwandtschaft begrüßen zu dürfen. „Setze dich, Simri!" sagte Thamar, „und gieb mir Red und Antwort: Wie hast du mich so lange schmachten lassen können? Bist gestern den ganzen Tag nicht dagewesen und vorgestern auch nicht. Das ist ganz ungehört. Ich bin schier gestorben vor Sehnsucht. Wo hast du nur diese ganze Ewigkeit gesteckt?"—Und sie kniff ihn in beide Wangen und drückte ihn auf einen Sessel nieder und stellte sich in komischer Würde vor ihn hin.

Simri war in den zwanziger Jahren, eine mannhafte Gestalt mit ernster Stirne und blauen Augen, aus welchen Geist und Gefühl leuchteten. Er war der jüngste noch übrige Sohn aus einer Familie von acht Kindern, die bereits alle in die Ewigkeit gegangen waren, und wohnte auf der Höhe Akra, oder wie seit der Rückkehr aus der babyloni=

schen Gefangenschaft häufiger gesagt wurde, in der Unterstadt bei seinen bejahrten und gebrechlichen Eltern, deren Unterhalt und Pflege ihm allein oblag. Er hatte mit allem Eifer die Arzneikunde studiert und nun bereits seit einigen Jahren durch seine Wissenschaft und Geschicklichkeit vielen Leidenden geholfen oder doch Linderung geschafft und es sich nie verdrießen lassen, seine Einnahmen, mochten sie groß oder klein sein, mit seinen Eltern zu teilen und diese in kranken Tagen sowohl als in gesunden treulich zu versorgen. Geld und Gut und irdische Vorteile waren es also nicht, was Thamar mit herzlicher Liebe zu ihm erfüllt hatte, sondern sein offenes, biederes, frommes Wesen, das sie von Tage zu Tage besser kennen lernte. Bei dem Vater Thamars hatte es freilich Simri manches wertvolle Geschenk, das ihm bei seinen geringen Mitteln schwer genug geworden war, und vielerlei niedrige Dienste, sowie seinen Eltern wiederholte geduldige Anfragen gekostet, bis der vornehme Mann sich endlich herbeiließ, die Hand seiner schönen Tochter dem jungen Arzte zuzusagen. Für Thamar war der prachtvolle Gürtel, den sie jetzt trug, eine Brautgabe des Verlobten.

Jetzt erst, als Thamar sich so in scherzhaft drohender Stellung vor ihm aufgepflanzt hatte und eine Antwort erwartend lange in sein treuherziges Auge schaute, wurde sie gewahr, daß wieder ein tiefer Ernst auf seinem Angesichte lag. „Simri!" rief sie deswegen, indem auch sie auf einmal alle Heiterkeit verlor, „was ist dir? Bin ich deine Braut, wo ist denn dein Vertrauen zu mir? Warum schüttest du den Kummer, der schon längere Zeit an deinem Herzen nagt, nicht aus in meinen Busen? Heraus damit, ich ertrag' es nicht länger!" Und sie ergriff wie bittend seine beiden Hände, und die Zähren traten in ihre großen Augen.

„Unsere Stadt", hob Simri langsam an, „unser Volk, unser ganzes Land geht unaufhaltsam und rettungslos seinem Untergang entgegen. Wie sollte unser armes Volk mit seiner Handvoll Kriegern die Waffen gegen das ungeheure und unwiderstehliche Weltreich der Römer erheben dürfen. Es ist Wahnsinn! es ist Raserei der Verblendung!"

„Aber", wandte Thamar ein, „ist das es, was dich quält? Ich verstehe nicht, wie das sein kann. Haben wir nicht den Sieg schon in Händen? Sind die römischen Heiden nicht bis auf den letzten Mann aus dem Lande gejagt? Ist nicht der Gott Abrahams, Isaaks und Jakobs auf unserer Seite?"

„Nein", gab Simri entschieden zur Antwort, „der Gott unserer Väter ist nicht mit uns. Der Herr ist von Jerusalem gewichen, und die Römer werden schrecklich wiederkehren." Thamars rote Lippen fingen an bleich zu werden, und Maria begann schweigend verwunderte Blicke auf Simri zu werfen.

„Seht doch nur die Zeichen an, die wie Sturmvögel das kommende Gericht verkündigen!" fuhr Simri noch ernster fort. „Die Thür am inneren Tempel, die ganz von Erz ist und so schwer, daß zwanzig Mann ihre Kraft ansetzen müssen, wenn sie abends geschlossen werden soll, und mit Schlagbäumen verwahrt und mit eisernen Riegeln, die tief in die Erde gehen, festgemacht ist, hat sich um Mitternacht ganz von selbst aufgethan: — Gott hat den entheiligten Tempel den Heiden preisgegeben. Bald nachher hat man Wagen und Reiter und Kriegsheere durch die Wolken schweben sehen: das sind die Legionen der Römer, die über uns kommen werden. Über unserer Stadt am Himmel

Die Zerstörung Jerusalems.

hängt ein Komet, wie ein riesiges Schwert gestaltet: das ist das Racheschwert Gottes über Jerusalem. Und Josua, der Sohn eines Landmanns, fing am Laubhüttenfest vor mehreren Jahren plötzlich an zu schreien: ‚Eine Stimme vom Morgen, eine Stimme vom Abend, eine Stimme von allen vier Winden! Eine Stimme über Jerusalem und den Tempel, eine Stimme über Bräutigam und Braut, eine Stimme über das ganze Volk! Wehe! Wehe! Wehe!' Dies rief er mit unheimlich tönender Stimme in allen Straßen umhergehend Tag und Nacht, und hat noch heute nicht aufgehört, wie ihr selber wißt. Einige von den Vornehmsten unserer Stadt haben das schauerliche Geschrei dieses Unglückspropheten nicht gern gehört und ihn darum ergriffen, gescholten und gegeißelt. Aber er sagte kein Wort zu seinen Peinigern, noch bat er um Gnade, sondern rief unablässig Wehe, Wehe! über Jerusalem. Man mußte sich endlich gestehen, daß er von einer höheren Macht getrieben werde, und brachte ihn zum Statthalter. Da wurde er gegeißelt, bis die Knochen bloß lagen; allein keine Thräne kam über seine Wangen und kein anderer Klageton über seine Lippen, als nur immer das entsetzliche: Wehe über alles Volk! Ist das nicht offenbar die warnende Stimme Gottes, der im Begriffe steht, seinen Zorn über die gottlose Stadt auszuschütten?" „Aber", warf Thamar ein, „warum sollen denn das Zeichen des nahenden Verderbens über uns sein, warum nicht vielmehr Unglück verkündigende Zeichen für unsere Feinde?" „Es ist nur zu klar und gewiß", gab Simri zur Antwort. „Seht nur die Christen an. Sie sind in diesen Tagen wie ein Mann daran, ihre wenigen Habseligkeiten zusammen zu packen und in hellen Haufen die Stadt zu ver=

lassen, um, einer erhaltenen Offenbarung gemäß, jenseits des Jordans zu entfliehen, wo sie einen sicheren Bergungsort vor dem kommenden Gerichte finden sollen. Ihr Messias Jesus hat ihnen schon in den Tagen seines Wandels auf Erden zuvorgesagt, dass ein großer Zorn über dies Volk kommen und eine solche Trübsal über Jerusalem hereinbrechen werde, als nicht gewesen ist von Anfang der Welt bisher und als auch nicht werden wird, dass wir durch die Schärfe des Schwertes fallen und gefangen geführt werden würden unter alle Völker und Jerusalem von den Heiden würde zertreten werden, ja selbst vom Tempel des Herrn nicht ein Stein auf dem andern bleiben würde, der nicht zerbrochen werde. Wenn aber dieses Unheil nahe, so sollten sie aus Judäa fliehen, und das ist es, was die Christen, Männer, Weiber und Kinder, thun. Die Zeit des Gerichtes ist da." „Dem Gotte unsrer Väter sei Dank", brach jetzt Maria heraus, „dass diese galiläische Pest endlich aus der heiligen Stadt hinauskommt! Die gotteslästerliche Sekte der Christen, das war die Eiterbeule, die Gottes Zorn über uns gereizt hat." Ihre Augen blitzten und ihre Wangen glühten vor Erregung. Simri sah sie einen Augenblick an voll Erstaunen über den heftigen Ausbruch ihres Christenhasses. Dann wandte er sich ruhig zu Thamar und sagte in fast bittendem Tone: „Wollen wir, meine herzgeliebte Braut, nicht mit den Christen fliehen?" „Was!" sagte Maria gedehnt und verwirrt, während Thamar stumm ihren Verlobten anschaute mit einem Blicke, der offenbar zeigte, dass sie nicht wusste, was sie zu dieser Frage sagen oder davon denken solle. „Du kannst doch unmöglich im Ernste so reden, Simri!" sagte sie endlich zögernd. „Es ist mein voller Ernst!" erwiederte dieser und der ganze Ausdruck sei=

Die Zerstörung Jerusalems. 19

nes etwas bleich gewordenen Angesichts bestätigte nur zu deutlich seine Worte. „Denn wisse es, Thamar, — und er ergriff warm ihre beiden Hände — ich bin in der letzten Zeit — ein Christ geworden." „Ein Christ!" stieß Maria heraus auf die Füße springend, während ihr Säugling vom Schlaf erwachte und unbeachtet zu schreien begann. „Ein Christ!" murmelte Thamar erblassend. Sie suchte ihre Hände aus den seinigen loszuwinden und wich etwas zurück, als erfasse sie jetzt ein unheimlicher Schrecken vor ihm. In diesem Augenblick klopfte es an die Thür und ein Bote verkündigte Simri, daß sein Vater plötzlich zum Sterben erkrankt sei. Simri herzte seine halb widerstrebende Braut, die sich noch gar nicht fassen konnte, und sagte: „Ich komme wieder!" Damit eilte er fort, dem Boten nach.

Drittes Kapitel.
Der letzte Versuch.

Thamar war auf einen Schemel gesunken und stöhnte immer wieder vor sich hin: „Ein Christ! O Gott, ein Christ!" Und es war, als könne sie sich von dem Entsetzen, welches diese Erklärung ihres Verlobten ihr eingejagt, gar nicht erholen. Maria aber lief, den schreienden Säugling auf den Armen umherschüttelnd, im Zimmer herum und jammerte: „O, o! wo kommen wir hin! Der Eidam eines Eleazar ein Nazarener! O Schande! Aber nimmermehr wird ein Christ der Schwiegersohn des Tempelfürsten werden. Meinst du," wandte sie sich dann plötzlich fast heftig an ihre betäubte Schwester, „meinst du, daß dieser Mann dich liebe? Ist das Liebe, daß er monatelang mit dem schwarzen Gedanken umgeht, seiner Väter Gott zu verleugnen, und sagt dir kein Wort davon? Er schlägt sich zu den ärgsten Feinden unseres Gottes, Tempels und Volkes, und fragt dich mit keiner Silbe um deine Meinung? Und nun bohrt er mit tückischer Hinterlist dir plötzlich das Schwert bis ans Heft in die Seele und dann läuft er davon? Und — nein, man sollte rasend —" „Halt ein!" rief jetzt Thamar, sich hoch aufrichtend. „Beschimpfe ihn nicht, ehe du seine Beweggründe kennst —" „Beweggründe? Was kann er für Beweggründe haben, Schmach und Spott über unser Haus zu bringen? sein Vaterland zu verraten? seinen Gott zu verleugnen?" „Halt ein!" schrie Thamar und sprang in die Höhe. „Simri wird nimmermehr ein Verräter! Simri — nein, ich will deine abscheulichen Reden nicht hören!" Damit hielt sie sich mit beiden Händen die Ohren zu und lief durch die Küche hinaus in den Garten.

Unterdessen war Simri nach der Unterstadt hinunter und heim geeilt. Es hatte ihn in den letzten Wochen schon öfter mächtig getrieben, seine Bekehrung zum Christenglauben Thamar zu gestehen, und war mitunter nahe daran gewesen, es zu thun. Allein er hatte das Bekenntnis doch nie über seine Lippen bringen können. Denn er mußte, mit welcher Innigkeit und Wärme sie am väterlichen Glauben hing und welchen Schmerz ihr seine Umwandlung bereiten werde; auch wagte er kaum zu hoffen, daß er sie je werde zum Christentum herüberziehen können, weil ihr Vater, Bruder, Schwester und ganze Umgebung zu den Eiferern um das väterliche Gesetz gehörten. Jetzt aber, da es galt, mit allen Christen dem Befehl des Heilands gemäß aus der Stadt, die dem Verderben geweiht war, zu entfliehen, war die Stunde der Entscheidung doch gekommen und er hatte

Die Zerstörung Jerusalems.

den Mund übergehen lassen von dem, dessen sein Herz voll war. Er war jetzt keineswegs überrascht von der Wirkung, welche seine Worte auf Thamar ausgeübt hatten. Es that ihm nur sehr leid, daß er sie so schnell hatte verlassen müssen, ohne ihr allerlei Fragen, die sonder Zweifel in ihrem Herzen aufstiegen, sogleich beantworten können, damit sein Tritt ihr im rechten Licht erscheine. Doch die Sohnespflicht stand ihm gemäß seiner jüdischen Erziehung höher, als die Liebe zur Braut, und so eilte er alsbald hin, seinem kranken Vater zu helfen, jedoch mit dem sehnlichen Wunsche, sobald als möglich zu Thamar zurückkehren zu können. Sein Vater, der die siebziger Jahre bereits überschritten hatte, war von einem plötzlichen Herzkrampf befallen worden, der aber eben so schnell vorüberging. Durch diesen Anfall aber war er so geschwächt worden, daß er fast den nächsten ganzen Tag liegend zubringen mußte, und Simri durfte, da jeden Augenblick ein Rückfall zu befürchten war, nicht von seiner Seite weichen. Es ließ ihm jedoch keine Ruhe, bis er gegen Abend den Kranken, der sich etwas gestärkter fühlte, auf kurze Zeit in der Obhut seiner Mutter allein ließ und mit äußerster Eile die Straße dahinlief, um im Fluge seiner Thamar noch ein paar Worte zu sagen, bevor er die Stadt verließ. Allein er fand alle Thore in der alten Mauer, welche sich vom Turm Davids bis zur Tempelmauer am Abhang des Zion hinzog und die Oberstadt von der Unterstadt schied, schon geschlossen und so mußte er unverrichteter Dinge wieder umkehren. Thränen des Schmerzes und der Enttäuschung traten ihm in die Augen. Da nun der größte Teil ihrer Habe schon vorausgeschickt war und die letzten Glieder der christlichen Gemeinde am andern Morgen früh aus der Stadt abzogen, so blieb Simri jetzt nichts anderes mehr übrig, denn als Beschützer und Pfleger seiner schwachen Eltern, die er auf Lastesel lud, sogleich mitzugehen, ohne erst seiner Braut nähere Auseinandersetzung gegeben zu haben. Er hoffte noch unterwegs, wenn seine Eltern in der Begleitung der reisenden Glaubensgenossen wohl aufgehoben seien, zu der Geliebten, die sicherlich von einem Heer von Zweifeln, Befürchtungen und Anfechtungen hin und her geworfen werde, zurückfliegen zu können, wenn auch nur auf eine Stunde oder zwei, um ihr zu sagen, wie es ihm ums Herz sei, und ihr alles klar zu machen. Allein, da allenthalben das Volk in großer Unruhe gährte und die Landstraßen durch allerlei Gesindel und förmliche Räuberbanden, die jetzt zahlreicher und frecher als je ihr gottloses Handwerk trieben, unsicher gemacht wurden, so durfte er weder tags noch nachts wagen, die Seinigen allein ihre Straße ziehen zu lassen, bis sie endlich unter Gottes Schutze glücklich in Pella angekommen waren. Hier aber wiederholte sich in Folge der Erschöpfung von der Reise der Krankheitsanfall seines Vaters schlimmer und schlimmer und abermal war Simri gefesselt. Die Tage wurden zu Wochen, die Wochen zu Monaten, und der Greis ging sichtlich, wenn auch langsam, seinem Ende entgegen. Da schrieb Simri einen langen Brief an Thamar, wiewohl er, weil aller geregelte Verkehr des Landes fast völlig zerstört war, kaum ein Fünklein Hoffnung hegte, daß seine Zeilen sie je erreichen würden. Doch es kommt auf einen Versuch an, dachte er, und schrieb, und nun fühlte er sich ein wenig beruhigter. Nach längeren Leiden starb sein Vater. Aber kaum hatte er ihn bestattet, als seine Mutter sich legte und abermal seine Geduld auf eine lange, lange Probe gestellt wurde. Weit über ein Jahr war seit der Flucht der Christen aus Jerusalem verstrichen,

Die Zerstörung Jerusalems.

als er auch seiner teuren Mutter, die gleich dem Vater in Christo entschlafen war, die Augen zudrücken mußte. Er legte sie an der Seite des Vaters zur letzten Ruhe.

Mittlerweile war der berühmte Feldherr Vespasian von Kaiser Nero mit einem Heere von 60,000 Mann gegen die Juden ausgesandt worden. Derselbe drang mit seinen Legionen unter Morden und Brennen durch Galiläa vor. Eine Festung nach der andern fiel vor seinen unwiderstehlichen Kolonnen. Am längsten wurde er durch den klugen und tapferen Josephus vor der Bergfeste Jotapata aufgehalten. Doch endlich sanken auch ihre heldenmütig verteidigten Mauern vor dem Sieger und 40,000 Juden mußten ihren Widerstand mit dem Tode büßen. Und da dieser eiserne Römer wußte, daß die Hauptstadt des Landes ihre Kräfte, womit sie den bedrängten Töchterstädten hätte zur Hülfe eilen sollen, durch innere Parteistreitigkeiten selbst verzehrte, so überließ er sie ihrer Selbstzerfleischung und suchte erst das ganze Land umher in eine Wüste zu verwandeln. Endlich aber, noch ehe er gegen Jerusalem selbst sich aufmachte, wurde er, wie der gefangene Josephus ihm geweissagt, zum römischen Kaiser erkoren, und hinfort überließ er seinem Sohne Titus die Fortsetzung des jüdischen Krieges.

In Jerusalem nahm die Ruchlosigkeit täglich zu. Die Zeloten kleideten einen unwissenden Bauer unter Spott und Gelächter als Hohenpriester ein. Dagegen trat Ananus, der älteste Hohepriester, auf und hielt eine so zündende Rede an das Volk, daß es die Zeloten angriff, sie in den Tempel trieb und umzingelte. Ananus schickte den tückischen Johannes, der vor Vespasian aus Gischala entronnen war, zu den Eiferern, mit ihnen zu unterhandeln. Dieser aber, Pläne des eigenen Ehrgeizes schmiedend, log ihnen vor, Ananus wolle die Stadt den Römern ausliefern. Daraufhin sandte Eleazar heimlich Boten aus und ließ 2000 wilde Jdumäer herbeirufen, die auch bald vor Jerusalem erschienen, aber von Ananus nicht eingelassen wurden. In einer schauerlichen Nacht aber, in welcher ein unerhörtes Gewitter sich über der Stadt entlud und ein Erdbeben die Berge Jerusalems erschütterte, durchsägte Eleazar mit seinen im Tempel eingeschlossenen Zeloten die Riegel der Tempelthüren ungehört, erschlug das Volk, das Wache haltend davor lag, so daß das Blut in den Vorhöfen des Tempels floß, und öffnete den Jdumäern die Thore der Stadt. Nun entstand ein grauenhaftes Blutbad, in welchem auch der edle Ananus ermordet, viele der Gemäßigten unter grausamen Martern getötet und die nakten Leichname der Hohenpriester von Hunden umhergezerrt und gefressen wurden. Selbst die Jdumäer, welche nicht die Beute erhielten, die sie erwartet, wurden mit Abscheu vor diesen Greueln erfüllt und zogen aus dem bluttriefenden Jerusalem wieder ab.

Es war an einem Morgen kurz nach diesen greulichen Vorfällen, als Thamar einsam und mit verweinten Augen wieder an ihrem Fenster saß. Sie hatte wenig oder nichts geschlafen. Das schreckliche Thun und Treiben ihres Vaters erfüllte sie immer mehr mit Grausen. Ihr Bruder Ela war in dem Gemetzel gefallen und sie hatte noch nicht einmal erfahren können, ob er auch nur anständig bestattet worden sei; denn ihr Vater kam schon seit Wochen gar nicht mehr nach Hause. Die traurigen Zustände ihrer geliebten Vaterstadt, so wie das immer näher rückende Römerheer, dessen Spur Tod und Verderben bezeichneten, flößte ihr ein Gefühl der Angst und Unsicherheit ein, daß sie kaum wußte, was sie, die jetzt so allein dastehende Jungfrau, beginnen solle. Und was noch mehr, als dies alles, ihr Herz bedrückte, das war der tiefe Kummer über den verhängnisvollen Schritt ihres Verlobten, den sie meinte für einen fluchwürdigen Abfall von dem Gotte Israels ansehen müssen. Ihre Lippen waren nicht mehr die prallen Kirschen wie ehedem, und aus ihren Wangen waren die Rosen verblichen. Sie hatte seit jenem Tage, da Simri ihr das schreckliche Bekenntnis abgelegt, nichts mehr von ihm gesehen noch gehört, auch den ausführlichen Brief, den er von Pella aus geschrieben, nicht erhalten. Von Tage zu Tage, von Woche zu Woche und von Monat zu Monat hatte sie sehnsüchtig gehofft und geharrt und musste nicht einmal, ob er auch nur noch am Leben sei oder nicht. Tag und Nacht quälten sie Sorgen und bange Zweifel und allerlei böse Gedanken um ihn. Oft schien es ihr, als müsste sie den Verdächtigungen ihrer Schwester Maria Gehör geben. Dieselbe hatte sie zwar damals, als aus ihrer Hochzeit nichts wurde, bald wieder verlassen und war mit den Ihrigen heimgereist, hatte aber die wenigen Tage ihres Besuchs fleißig dazu benutzt, mancherlei garstige Gedanken betreffs Simri in die Seele Thamars einzupflanzen, dass er nämlich ein Feigling sei, der vor der drohenden Gefahr davonlaufe, dass er ein Verräter seines Vaterlandes sei, dass er seinen Gott verleugnet und verkauft habe, dass er seine Braut schmählich im Stiche gelassen und sein Verlöbnis schnöde gebrochen habe, und so fort. Und dafür hatte sie als scheinbaren Beweis anführen können nicht nur, dass er nach seinem eigenen Geständnis zu der verhassten Sekte der Christen abgefallen sei und mit denselben sich auf und davon gemacht habe, sondern auch den Umstand, dass er nicht einmal auch nur auf eine Stunde mehr zurückgekommen sei, was er doch versprochen gehabt hätte. Wenn solche Gedanken des Verdachts, die ihr seitdem immer wieder durch den Kopf schossen, ihr Herz in Besitz nehmen wollten, so raffte sie sich auf und schüttelte sie wie böse Träume ab, indem sie unerschütterlich blieb in dem Glauben an die Treue ihres Verlobten und die Rechtschaffenheit seiner Beweggründe. Allein sein Übertritt zum Christentum war und blieb ihr doch ein Stein des Anstoßes, den sie nicht aus dem Wege räumen konnte, und sie war oft nahe daran, irre an ihm zu werden. Und dann faßte sie auch wohl hundertmal den Entschluß, ihn völlig aufzugeben und zu vergessen als einen, der, wenigstens für sie, tot sei. Aber ehe sie sich's versah, waren all ihre Gedanken bei Tag und bei Nacht wieder mit ihm beschäftigt.

So saß sie auch jetzt wieder da und seufzte aus der Tiefe eines Herzens, das von widerstreitenden Gedanken und Gefühlen zerrissen wurde. Eben sah sie zufällig aus dem Fenster die Straße hinab nach Osten, wo die Sonne ihre Morgenstrahlen über die von Oliven rauschenden Höhen des Ölberges und die Zinne des Tempels schoß, als ihr träumerisches Auge plötzlich den Ausdruck höchster Aufmerksamkeit annahm. Im nächsten Augenblick schon sprang sie mit einem durchdringenden Freudenschrei auf und eilte hinaus. Simri kam mit eiligen Schritten daher. Noch war er eine Strecke vom Hause entfernt, als ihm Thamar voll Entzücken schon am Halse hing. Er erschrak über das abgehärmte Aussehen seiner vor Freude weinenden Braut und strich schweigend und zärtlich ihre Locken zurück. Er führte sie während ihr Arm und ihr Haupt an seiner Schulter lehnten, zum Hause, wo sie beide von ihren Gefühlen längere Zeit so überwältigt wurden, daß sie kaum ein Wort hervorbringen konnten. „O Simri! warum hast du mir das ge-

Die Zerstörung Jerusalems.

than?" brach die Jungfrau endlich mit sanftem Vorwurf aus. Simri setzte ihr weitläufig und treuherzig auseinander, warum er, was wir schon wissen, in der langen, langen Zeit nicht zu ihr gekommen sei, und rief zum Schluß bewegt aus: „Gott vergebe mir die Verwegenheit, daß ich mich in diese Stadt noch einmal zurückgewagt habe. Denn sie ist der Rache Gottes verfallen, und unser Heiland hat uns befohlen, aus ihr zu weichen, ohne erst die Kleider zu holen. Allein meine Liebe und meine Angst um dich, Herzensweib, hat mir keine Ruhe gelassen!"

„Hab' ich's nicht gesagt, jauchzte Thamar mit verklärtem Angesicht, daß mein Simri treu ist!" „Thamar, fuhr dann der junge Mann langsam und gewichtig fort, ich möchte dich retten!" „Ach ja, du bist ja ein Christ! Wehe mir!" stieß sie jetzt heraus und machte sich von ihm los mit Gebärden des Schreckens. Sie verbarg ihr Angesicht in beiden Händen und taumelte stöhnend auf einen Sessel hin.

Simris Freude entfloh. Er stand langsam auf und sagte feierlich, indem er vor sie hintrat: „Wollte Gott, meine Braut, du würdest, was ich bin, oder könntest doch wenigstens dein steinernes Verurtheil ablegen und mit mir aus dieser verstockten Stadt entfliehen, so würde dir, das hoffe ich zu Gott, alles licht werden und du würdest den Frieden finden, den die Welt nicht geben kann. Denn Jesus von Nazareth ist es, der da kommen sollte, und wir haben keines andern mehr zu warten. Der Gott unsrer Väter hat in seiner Barmherzigkeit uns deutliche Merkmale durch die heiligen Propheten an die Hand gegeben, damit wir den wahren Messias erkennen könnten und nicht irre gingen, und diese Merkmale finden sich allesamt an Jesu von Nazareth. Ist er zum Beispiel nicht aus Davids Geschlechte, von einer Jungfrau und zu Bethlehem geboren worden? War nicht zu seiner Zeit — und bis auf diesen Tag — das Zepter von Juda entwendet? Sind nicht durch ihn der Blinden Augen aufgethan uud der Tauben Ohren geöffnet worden? Haben nicht die Lahmen gelöckt wie ein Hirsch, und der Stummen Zunge Lob gesagt?"

„Ja, aber unsere Ältesten haben uns belehrt, warf Thamar ein, daß er die Teufel ausgetrieben hat durch Beelzebub, den obersten der Teufel."

„Diese Aeltesten waren die Bauleute", erwiderte Simri, „die den von Gott auserwählten köstlichen Stein als untauglich verworfen haben; aber er ist zum Eckstein geworden. Das ist vom Herrn geschehen und ist ein Wunder vor unsern Augen. Jesus von Nazareth hat den Armen das Evangelium gebracht und den Elenden ein gnädiges Jahr des Herrn und einen Tag der Rache unsers Gottes gepredigt, die zerbrochenen Herzen zu verbinden und alle Traurigen zu trösten; ja er hat alle Mühseligen und Beladenen zu sich gerufen, sie zu erquicken und ihnen Ruhe zu geben für ihre Seelen."

„Aber wo ist der große König", versetzte Thamar hitzig, „der Zion baut und Jerusalem erhöht, so daß die Völker zusammenkommen, dem Gotte Israels zu dienen, daß alle Heiden mit Haufen herzueilen und ihre Schwerter zu Pflugscharen und ihre Spieße zu Sicheln machen, daß alle Königreiche, die uns nicht dienen wollen, umkommen und die Heiden verwüstet werden, daß man keinen Frevel mehr hört in unsrem Lande noch Schaden oder Verderben in unsern Grenzen; wo ist der König, dem die Heiden zum Erbe und der Welt Ende zum Eigentum gegeben sind, und der die Feinde

Die Zerstörung Jerusalems.

Israels mit einem eisernen Zepter zerschlägt und wie Töpfe zerschmeißt?"

„Jesus von Nazareth ist dieser König"! gab der junge Christ fest und bestimmt zur Antwort. „Denn was sagt des Propheten Mund von dem Könige, der da kommen sollte? Voll Entzücken ruft Sacharja aus: ‚Du Tochter Zion, freue dich sehr, und du Tochter Jerusalems, jauchze! Siehe, dein König kommt zu dir — wie denn? Mit Rossen und Wagen, mit Schwertern und Spießen und zehntausend Kriegern um sich? Mit nichten! sondern er kommt zu dir, ruft dieser Herold, ein Gerechter und ein Helfer, arm und reitet auf einem Esel und auf einem jungen Füllen der Eselin. Und solchen königlichen Einzug in Jerusalem hat unser Jesus wirklich gehalten."

„Um wenige Tage darauf als ein Aufrührer zwischen Dieben und Mördern am Kreuze zu enden! Ein armseliger König! ein trauriger Messias!" Es lag eine solche tiefe Verachtung und Bitterkeit in diesen Worten Thamars, daß Simri sich davor entsetzte. Thamar bemerkte es und fügte beschwichtigend hinzu: „Ich will dich nicht beleidigen, Simri!"

„Jesus ist", fuhr der junge Christ seinen Schmerz unterdrückend fort, „ein König der Wahrheit und sein Reich ist nicht von dieser Welt. Wäre sein Reich von dieser Welt, seine Diener hätten darob gekämpft, daß er nicht wäre in die Hände der Sünder überantwortet worden. Aber nun ist sein Reich nicht von bannen, sondern inwendig in uns; es ist nicht Essen und Trinken, sondern Gerechtigkeit und Friede und Freude im Heiligen Geiste, und wer darinnen Christo dient, der ist Gott gefällig und den Menschen wert. Weißt du denn, teuerste Thamar, nichts von dem Worte der

Propheten, daß der verheißene Messias nicht bloß ein König, sondern auch ein Priester ewiglich und zugleich sein eigenes Opfer sein sollte? daß er leiden und sterben, der Allerverachtetste und Unwerteste, voller Schmerzen und Krankheit sein sollte? um unserer Missethat willen verwundet und um unserer Sünde willen zerschlagen, weil der Herr unser aller Sünde auf ihn werfen würde? daß er an Händen und Füßen durchbohrt und in des Todes Staub sollte gelegt werden, bis er in unaussprechlicher Qual unter dem Fluche Gottes aufschreien werde ‚Mein Gott, mein Gott, warum hast du mich verlassen? daß er das Gericht zum Siege hinausführen und sein Fleisch die Verwesung nicht sehen werde?"

Thamar war bei dieser letzten Rede etwas stutzig geworden. „Sagen das wirklich unsere Propheten?" sprach sie nachdenklich und fragte dann in einiger Verlegenheit: „Was soll es aber heißen: er wird das Gericht zum Siege führen und sein Fleisch die Verwesnng nicht sehen?"

„Der Messias wird von den Toten auferstehen, das ist der einfache Sinn."

„Und willst du behaupten, daß auch dies an deinem Jesus sich erfüllt habe."

„Allerdings! Er ist am dritten Tage lebendig wieder ans Licht hervorgetreten, und viele Leiber von längst entschlafenen Heiligen gingen aus ihren Gräbern und erschienen vielen in Jerusalem. Auch meinem Vater wurde, wie er uns hundertmal erzählt hat, eine solche Erscheinung zuteil: seine verstorbene Mutter trat in verklärtem Glanze lebendig vor seine erstaunten Augen hin und bezeugte ihm mit seligem Munde, daß der gekreuzigte Heiland wieder am Leben sei und die ewige Erlösung vollendet habe."

„Das sind doch zu fremde, wunderliche, abenteuerliche

Die Zerstörung Jerusalems.

Dinge," meinte Thamar kopfschüttelnd. „Ich kann's nicht glauben. Simri, du schwärmst!"

„Nein ich schwärme nicht!" erwiderte dieser warm. „Ich rede die nüchterne, gesunde, trockene Wahrheit. Schwärmer sind alle Anhänger solcher falschen Messiasse, wie Theudas war, Judas der Gaulonit und viele andere, die allesamt mit ihren jämmerlich betrogenen Jüngern ein Ende mit Schrecken genommen haben und immerdar nehmen müssen. Aber wer Jesu Christo nachfolgt, der hat das Licht und das Leben. O, daß unser Heiland dir seinen Geist geben und deine Augen aufthun wollte! O, daß du eine Christin würdest, Thamar!"

„Dann müßte das ganze Gebäude meines Glaubens erst in Trümmer geschlagen werden und in meiner Seele sich alles umkehren. Und was würde mein Volk und meine Verwandten und erst mein Vater dazu sagen? Der würde mir den Kopf abreißen!"

„‚Fürchtet euch nicht vor denen, die den Leib töten und die Seele nicht mögen töten; fürchtet euch aber vor dem, der Leib und Seele verderben mag in die Hölle!' Das sind die Worte unsers Heilands. Thamar, Israel hat den Herrn der Herrlichkeit gekreuzigt und den Fürsten des Lebens getötet, es hat seinen Messias verworfen. Dafür hat es der Herr wieder verworfen und übergeben in die Hände der Heiden, und nun sind die Vollstrecker seiner Rache, die Römer, nicht mehr fern von den Thoren Jerusalems. Das Gericht, welches Jesus geweissagt und unser Volk in seiner Raserei über sich selbst herabgerufen hat, da es schrie: ‚Sein Blut komme über uns und über unsere Kinder!' das bricht jetzt herein, und es wird vollendet werden, was der Knecht Gottes Moses seinem Volke gedroht hat, wenn es von dem Herrn, seinem Gott, abfalle und seine Gnade verwerfen würde."

„Und was ist das?"

„Der Herr wird ein Volk über dich schicken von ferne, von der Welt Ende, wie ein Adler fleugt — der Adler ist das Feldzeichen der Römer —, des Sprache du nicht verstehst, ein frech Volk, das nicht ansieht die Person des Alten noch schont der Jünglinge, das wird verzehren die Frucht deines Viehes und die Frucht deines Landes, bis du vertilgt werdest; und wird dir nichts übrig lassen an Korn, Most, Öl, an der Frucht der Ochsen und Schafe, bis dass es dich umbringe; und wird dich ängsten in allen deinen Thoren, bis dass es niederwerfe deine hohen und festen Mauern, darauf du dich verlässest in deinem Lande. Du wirst die Frucht deines Leibes fressen, das Fleisch deiner Söhne und Töchter in der Angst und Not, damit dich dein Feind drängen wird; und ein Weib, das zuvor zärtlich und in Lüsten gelebt hat, dass sie nicht versucht hat ihre Fußsohlen auf die Erde zu setzen vor Zärtlichkeit und Wollust, wird andern vom Fleische ihres eigenen Sohnes gönnen." Es schauderte die Jungfrau.

„So willst du also sagen", sprach sie, während ihr die Haut noch kroch, „dass wir Jehovah verworfen haben, weil wir Jesum von Nazareth verwerfen, und dass wir darum unter dem Fluche Gottes dem Untergang entgegengehen?"

„Ja, Thamar! wer Jesum Christum verwirft, der verwirft den lebendigen Gott, und wird sein Urteil tragen."

„Ach, dass Gott den Himmel zerrisse und führe herab!" seufzte die Jungfrau. „Ach das die Hülfe aus Zion über Israel käme! Unser ganzes Volk erwartet seit langer Zeit mit heißer Sehnsucht, mit glühendem Verlangen die Erscheinung

Die Zerstörung Jerusalems.

des verheißenen Messias, und käme er, ich würde ihn mit jauchzendem Herzen aufnehmen. Aber daß dieser arme, niedrige, geringe Zimmermannssohn, dieser schmachvoll gehenkte Jesus, den unsere Hohenpriester und Schriftgelehrten, unsere geistlichen und weltlichen Gerichte als einen Aufrührer zum Tode verdammt haben, daß der der von Gott gesandte Messias sein soll, das will mir nicht in den Kopf, das geht mir wider alles Gefühl, das kann ich nimmermehr glauben. O Simri", rief sie, indem sie ihm wieder um den Hals fiel und die Thränen in ihre Augen schossen, „ich will alles, alles für dich thun, ich will mit dir durch die brennende Wüste pilgern, ich will mit dir durch Feuer und Wasser gehen, ich will für dich sterben und alles, alles opfern, nur dies eine verlange nicht von mir, daß ich meiner Väter Gott verleugnen und Jesum von Nazareth, den Gekreuzigten, anbeten soll. O werde du nüchtern aus deiner Schwärmerei und bleib bei uns in Jerusalem und hilf deine Vaterstadt schützen und verteidigen, oder wenn du das nicht willst, so bin ich bereit, mit dir Jerusalem zu verlassen und zu gehen, wohin du mich führen willst, nur bring mich nicht zu den Christen und bleib du bei dem väterlichen Glauben; denn eine Christin werde ich nimmermehr, lieber lasse ich mir diesen Hals abschlagen." Ihre Worte wurden von Schluchzen erstickt. Simri war bis in seine innerste Seele hinein erschüttert und konnte im Augenblick vor tiefer Bewegung nicht antworten.

Da that sich die Thüre auf und Thamars Vater trat herein. Er war in heftiger Aufregung auf der Straße dahergeeilt, zu sich selber redend und mit geballten Fäusten in der Luft herum fahrend. Hätten wir Zeit gehabt, ihn zu belauschen, so würden wir erschrocken sein über das, was wir vernommen hätten. Sein finsteres Herz war voll glühenden Zornes und Neides und gekränkten Ehrgeizes, weil der ränkesüchtige Johannes von Gischala ihn in der Gunst der Zelotenpartei überflügelt hatte und alle Macht und Gewalt in der Stadt immer mehr an sich riß. Hingegen seine eigene Bedeutung und sein Ansehen sank von Tage zu Tage tiefer herab. Darum stürmte und kochte es in seinem Innern und schwarze Pläne der Rache begannen sich zu gestalten. Er war so voll von seinen haßentflammten Gedanken, daß er im ersten Augenblick, als er eintrat, kaum wußte, wo er war und was er sah. Als er aber wie aus einem Traum erwachend Simri erkannte, fuhr er grimmig auf und sagte: „Du hier, Galiläer? — Was," schrie er dann, als er Thamars verweinte Augen und bleiches Angesicht bemerkte, „willst du Verräter an Gott und deinem Vaterlande auch noch meine Tochter bethören? Das Band zwischen euch ist zerrissen, wie ich diesen Mantel zerreiße!" Und er zerriß sein Obergewand in zwei Stücke. „Hinweg aus meinem Hause abgefallener Hund, daß ich dich nicht niedersteche, wie ein wildes Tier!" Und er zückte seinen Dolch aus der Scheide am Gürtel.

Simri wich vor ihm wie vor einem Wahnsinnigen zurück, sah Thamar mit bewegten Blicken an und fragte, die Hand nach ihr ausstreckend, mit bebenden Lippen: „War das dein letztes Wort, Thamar, meine Braut?"

„Mein väterlicher Fluch," donnerte Eleazar, zu seiner Tochter gewendet, „soll dich verfolgen dein Lebenlang, wenn du noch ein Wort mit diesem Abgefallenen redest!" Er ging mit blankem Dolche auf Simri zu. Simri entwich und zog die Thür hinter sich zu, während Thamar schweigend und blaß wie der Tod zu Boden sank.

Viertes Kapitel.

Kämpfe.

Simri verzweifelte jetzt völlig daran, seine Braut retten zu können. Mit einer heißen Fürbitte für sie zum Vater aller Barmherzigkeit aus einem in tiefem Weh blutenden Herzen schritt er langsam durch die krummen Straßen Jerusalems zum Thore hinaus und wanderte auf der großen Nordstraße dahin, um nach Pella zurückzukehren.

Die Zustände der Stadt wurden nun von Tage zu Tage schlimmer. Wie wilde Bestien, so fielen die Parteien in Jerusalem über einander her; es schien, als wollten sie den Römern in dem Werke der Verwüstung vorarbeiten. Simon, der Sohn des Gioras, ein Mann von vierschrötiger, grober Gestalt und unbeugsamer Willenskraft, hatte zehntausend Juden und fünftausend Idumäer unter sich. Sein Hauptquartier hatte er in der Burg Davids auf der nordwestlichen Ecke des Zion; von dem Turme Phasael aus konnte er die ganze Stadt und was darinnen vorging, überblicken. Eleazar, der Vater Thamars, hatte mit zweitausend Anhängern den eigentlichen Tempel inne und beherrschte den ganzen Gottesdienst; seine Waffen hingen an den Thüren im Angesicht des Allerheiligsten. Johannes von Gischala der in seinen jüngern Jahren ein Räuber gewesen, gebot über sechstausend Mann und lag an den Abhängen des Moriah. Eleazar stritt wider ihn von den Dächern der Säulenhallen herab, die um das Tempelgebäude liefen; Johannes focht gegen ihn mit Wurfmaschinen und Geschossen aller Art, und viele Opfernde sanken, von ihnen getroffen, sterbend am Altare nieder. Hatte Johannes vor Elea-

zar Ruhe, so griff er Simon an, Simon aber schlug wie ein
Berserker um sich, und wer den Vorteil errang, der drang
in die Häuser, plünderte, mordete und brannte nieder, was
er erreichen konnte. Und so wurde eine ungeheure Menge
an Vorräten und Lebensmitteln aller Art den Flammen
preisgegeben und frevelhaft umgebracht, wodurch nachher
die Hungersnot um so entsetzlicher wurde. Tag und Nacht
währte das Geschrei und das Toben der Kämpfenden, der
Jammer der Geschlagenen und Geplünderten. Greise und
Weiber wünschten die Römer als Befreier herbei.

Zu diesen Greisen gehörte jedoch Amarja nicht, der
Großvater Thamars von mütterlicher Seite. Derselbe war
nahezu achzig Jahre alt, aber noch rüstigen Leibes. Er
hatte bis jetzt in Bethlehem gewohnt, in diesen Tagen jedoch
seine in hohem Alter verstorbene Gattin nach Jerusalem ge=
bracht und in dem Grabe bestattet, welches er sich wie so
viele andere fernwohnende Juden im Thal Josaphat am
östlichen Abhang des Tempelberges schon vor vielen Jahren
in den Felsen hatte hauen lassen, damit auch er mit den
Seinigen an Ort und Stelle sei, wenn der Messias als Rich=
ter über die Heidenvölker erscheinen werde. Und jetzt nahm
er seine Wohnung im Hause seines Schwiegersohnes Eleazar,
bis auch er an die Seite seiner Gattin würde hingelegt wer=
den. Er war der Anführer unter den Kriegsknechten der
Hohenpriester gewesen, die, von dem Verräter Judas gelei=
tet, Jesum gefangen genommen und vor Gericht geführt
hatten, und je älter er wurde, desto mehr war es sein Stolz,
immer wieder zu erzählen, wie viel er dazu geholfen habe,
diese „Giftpflanze" auszurotten, wie er es gern nannte.
Es war in den ersten Tagen des April, als er mit allem,
was ihm in seinem hohen Alter noch geblieben war, in

Die Zerstörung Jerusalems.

die Hauptstadt zog. Den größten Teil seines Vermögens hatte er zu Geld gemacht, jedoch half das, was er noch an Vorräten, Kleidern, Vieh und so fort mitbrachte die Schränke, Böden, Keller und Ställe Eleazars in einer Weise füllen, daß ihnen das Herz lachte, und die beiden Mägde Thamars, Zilla und Eva, hatten mehrere Tage lang zu thun, bis sie jedes an seinen Ort schafften.

Thamar hatte rüstig mitgeholfen und mit Absicht sich selber zu körperlicher Arbeit angetrieben, um sich der peinlichen Gedanken, die seit dem letzten Abschied Simris fast unaufhörlich an ihrem Herzen nagten, zu entschlagen. Jedoch gelang es ihr nur teilweise. Die geringste Kleinigkeit rief ihr mitten in der Arbeit Simri, und was er gesagt und was er gethan, Jesum und seinen Tod, Jerusalem und sein Schicksal ins Gedächtnis und über allem schwebte wie eine finster drohende Wolke der schon halb ausgesprochene Fluch ihres Vaters. Sie konnte nicht mehr froh werden. Ein tiefer Ernst lag auf ihrem schönen, bleichen Angesichte, eine große Traurigkeit nahm immer mehr Besitz von ihrem Herzen und preßte ihr oft, ohne daß sie es wußte und merkte, schwere Seufzer aus.

Ein herrlicher Frühlingstag neigte sich zu Ende. Der Großvater war, da das Kriegsgetümmel in den Straßen sich etwas gelegt hatte, ein wenig ausgegangen, um sich an dem prächtigen Abendsonnenschein, der die ganze Stadt überflutete, zu erfreuen. Das goldene Tempeldach strahlte auf dem dunkelgrünen Hintergrunde des Ölbergs wie ein großes Feuer. Das tägliche Abendopfer war vollendet. Die letzten Töne der gottesdienstlichen Musik waren verklungen, die Rauchwolken des dargebrachten Dankopfers in den Abendlüften verweht. Das anbetende Volk zerstreute sich aus dem Tempel nach seinen Wohnungen. Die Priester, welche für heute den Dienst gehabt, zogen ihre Amtsgewänder aus und hängten sie in die Kleiderzimmer; sie legten ihre Schuhe wieder an und traten ab. Eine andere Schar von Priestern und Leviten zog von Ophel herauf, um den Dienst für den neuen Tag anzutreten. Der Himmel war klar, die Luft heiter und nirgends zeugte, wie in diesen Tagen so häufig, der aufsteigende Rauch und Staub von Brand und Verwüstung. Tiefer Friede schien beglückend auf der königlichen Stadt zu ruhen.

Während ihre müden Mägde noch mit Fegen, Putzen und Ordnen beschäftigt waren, saß Thamar einsam in der Sommerlaube auf dem Dache. Alle Pracht dieses schönen Abends rings um sie her ließ sie ungerührt. Sie weinte. „O Gott," seufzte sie endlich, und ihre Thränen stürzten heftiger hervor; „o Gott, lass mich nicht in Verzweiflung untergehen!" Dann stützte sie ihr Haupt in die Hand und versank wieder in ein langes Schweigen und Sinnen. Die Gedanken jagten einander in ihrem Herzen. „Wahrlich", hieß es in ihrer Seele, „es muss doch eine geheimnisvolle Kraft dahinter sein, die ich nicht kenne. Simri ist doch kein Schwächling und kein Narr und ebenso streng im väterlichen Glauben erzogen wie ich. Was ist es, das sein Herz so umgewandelt hat, ist es von oben oder von unten? Oder sollte er seinen Verstand verloren haben? Nimmermehr. Wenn er verrückt ist, so sind wir alle verrückt und die Vernünftigen sind auf Erden ausgestorben. Oder sollte seine Bekehrung nur ein Deckmantel für seine Feigheit sein, um sich dem bevorstehenden Kampfe mit den römischen Heiden zu entziehen? Pfui über einen solchen Gedanken! Simri und Feigheit! Allein was ist es denn sonst? Es muss dieser Glaube sein, daß Jesus von Nazareth der wahre Messias sei. Aber das ist doch bloß eine Einbildung und wie kann eine Einbildung einen Menschen so umgestalten, ohne ihm seinen Verstand zu nehmen? Und für einen unsinnigen Schwärmer, dessen Gedanken aus den Fugen geraten sind, kann ich Simri mit nichten halten. Jesus von Nazareth der Messias! Wenn er es wäre! Thamar, Thamar! wo kommst du hin!" sie schauderte vor sich selber zusammen; „was für gotteslästerliche Gedanken kriechen in dein Herz! Nein, er ist es nicht, er kann es nicht sein! Wo sind die Völker und Heiden, die zur Zeit des Messias mit Haufen nach Jerusalem kommen und vor dem Herrn anbeten sollen? Allerdings kommen, seitdem dieser Jesus dagewesen ist, die römischen Heiden mit Haufen nach Jerusalem; aber um Jerusalem zu verderben und das Volk des Herrn zu zertreten! Solch ein Messias ist der von Nazareth! Ist er nicht erloschen, wie ein Licht in der Nacht? Ist er nicht bis auf den heutigen Tag ein Spott der Leute und Verachtung des Volks? Wo ist der Priester oder Schriftgelehrte, der ihn als den verheißenen Messias erkannt hat? Nein, er ist es nicht!—Aber wenn er es doch wäre!" Sie hüllte ihre heiße Stirn in beide Hände und flehte: „O Gott, vergieb mir, daß diese greulichen Gedanken mir immer wieder kommen. Schaffe in mir ein reines Herz. Gieb mir Gedanken, die dir gefallen. Erhalte mich bei der Wahrheit. Beschütze mich vor meinem eigenen thörichten Herzen!" Sie brach in erneuertes Schluchzen aus. Da rief der Großvater, der zurückgekehrt war, nach ihr. Sie antwortete: „Gleich, Vater, gleich!" Sie raffte sich zusammen, suchte schnell die Spuren ihres Schmerzes zu verwischen, so viel sie vermochte, und stieg langsam hinunter.

„Kind", sagte der Greis gutmütig, „ich sehe, du hast

wieder geweint. Der abgefallene Bräutigam will dir noch immer nicht aus dem Sinne. Komm her, ich will dich ein wenig trösten." Er stellte seinen knotigen Stab in die Ecke, ließ sich nieder und winkte ihr freundlich. Sie kam und setzte sich auf seine Knie, schlang den rechten Arm um seinen Hals und neigte ihre schöne Stirn gegen das weiße Haupt des alten Mannes, dessen schneeweißer Bart lang und voll auf die breite Brust herunterwallte. „Großvater", sagte sie trübe, „mir ist es weh ums Herz und wirr zu Sinn."

„Frischen Mut gefasst, Töchterchen!" ermutigte der Alte. „Mit der Zeit wird die Wunde heilen. Ich will dir einmal erzählen, wie wir die Giftpflanze ausgerottet haben. Dann wirst du auf andere Gedanken kommen."

„Was meinst du mit Giftpflanze?" fragte Thamar, obgleich sie es aus der früher schon öfter wiederholten Erzählung des Greises längst wissen konnte.

„Nun, wen anders", war seine Antwort, „als den Verführer von Nazareth." Die edle Jungfrau richtete sich auf und wurde sehr aufmerksam. „Unsere Hohenpriester und Ältesten", hob er an, „trachteten im Eifer um den Herrn schon lange darnach, den Zimmermannssohn in die Hände zu bekommen und unschädlich zu machen. Sie konnten aber nicht, weil das tolle Volk, durch seine Gaukeleien bezaubert, ihm haufenweise nachlief und ihn für einen Propheten oder gar für den Messias hielt. Endlich aber wurde doch die Nichtigkeit seines Betrugs vielen offenbar, so dass sie aus ihrer Bezauberung nüchtern wurden und ihm den Rücken kehrten. Sogar einer seiner eigenen Jünger erbot sich, ihn uns für eine kleine Erkenntlichkeit ohne Rumor in die Hände zu liefern. Das nahmen unsere Obersten an und sandten mich mit einer Schar Kriegsknechte hin, ihn ein=

Die Zerstörung Jerusalems. 41

zufangen. Sein Jünger Judas führte uns über den Kidron an den Fuß des Ölbergs in einen Garten, mit Namen Gethsemane, wohin der Zauberer sich öfter zurückzuziehen pflegte, wenn ihm nicht ganz geheuer war. Da fanden wir ihn, und Judas küßte ihn, womit er uns das verabredete Zeichen gab, damit wir den Rechten erwischten. Wir hätten auch kaum fehlgehen können; denn seine Jünger lagen schlafend umher und zahlten Fersengeld, sobald das Blitzen unserer Schwerter und Spieße in die aufgerissenen Augen stach, indes unsre Fackeln Tageshelle um sie verbreiteten. Nur einer war etwas vorlaut und wollte in einem Anfall von Mut breinhauen, schrammte auch wirklich einen Fetzen Haut von dem Ohre des Malchus ab, hielt es aber dann für geraten, sich gleich den andern in sichere Ferne zurückzuziehen. Zwar prahlte der Aufrührer, dem unsre Jagd galt, sogar mit Heeren von Engeln, ich weiß nicht wie viel Tausenden, die er zu seinem Schutze aufbieten könne, von denen wir aber nichts zu sehen bekamen; auch fuhr meinen Leuten bei seinen Worten — er war ja ein Zauberer — ein sonderbarer Schrecken durch die Glieder, daß einige Schwächlinge sogar zu Boden taumelten: aber wir ergriffen ihn ohne viel Federlesens und führten ihn hin — es war nicht mehr weit bis Mitternacht — vor unsern hohen Rat. Hier wurde er natürlich bald als ein Gotteslästerer, der sich selbst zu Gottes Sohn gemacht hatte und es jetzt sogar beschwor, erkannt und verurteilt. Ich und meine Leute huldigten ihm als dem Könige der Juden mit unseren Fäusten und gaben ihm mit unsern Speerkolben von der Verehrung zu fühlen, die wir für ihn hegten, und führten ihn dann auch zu Pilatus. Dieser Heide war zwar so blind, daß er keine Schuld an ihm finden konnte, allein er ließ sich doch schließlich von unsern

Hohenpriestern und dem Volk zur Besinnung bringen, daß er ihn als Feind des Kaisers — was wir freilich im Grunde alle sind — und als einen Volksaufwiegler zum Tode am Kreuze verdammte. Nun gaben wir ihm mit Vergnügen das Ehrengeleite nach der Schädelstätte außerhalb der zweiten Mauer, wo er zwischen zwei anderen Mördern an das Kreuz geschlagen und noch am Abend begraben wurde: denn der Sabbath brach an. Freilich wollten einige verbuhlte und besessene Weiber, die ihm nachgelaufen waren, ihn bald darauf wieder lebendig gesehen haben, und führten einen kleinen Stoß von Erdbeben, der zufällig eben zu dieser Zeit in Jerusalem gespürt wurde, als ein unwiederlegliches Zeichen an, daß Gott diesen Jesus von den Toten auferweckt habe. Dies Märchen haben etliche von seinen unwissenden Jüngern begierig ergriffen und andern aufzubinden gesucht, was ihnen auch bei vielen eine Zeit lang gelungen ist. Aber jetzt sind diese Verführer und Verführten ja mit Mann und Maus aus Jerusalem entflohen und zerstreut. So ist das große Irrlicht erloschen und hat nichts als wüsten Rauch und Stank hinterlassen."

Thamar hatte mit äußerster Spannung zugehört. Jetzt stand sie auf und ging in tiefer Bewegung auf und ab. Ihr Auge wurde lichter, ihre Stirn heiterer. Das Auge des Alten ruhte mit Wohlgefallen auf der hohen, königlichen Gestalt. „Ein Irrlicht!" rief sie; „das ist das richtige Wort, ein Irrlicht!" Und eben wollte sie anfangen, dem Großvater, der von je her ihr ganzes Vertrauen besessen hatte, die Empfindungen und Zweifel auszuschütten, von denen ihr Herz gequält worden war, als Eva hereineilte und die Ankunft der erwarteten Osterpilger meldete. Es waren Nathan und Maria mit ihrem Söhnlein, die wir schon ken=

Die Zerstörung Jerusalems.

nen, ein Bruder Nathans mit Namen Joram, ein Knecht Nathans und zwei Sklavinnen der Maria. Auch sie brachten Vorräte an Lebensmitteln und Opfertiere mit. Nun gab es natürlich für Thamar auf zwei oder drei Tage hinaus zu sorgen, zu wirken und zu schaffen, bis mit Hülfe ihrer Mägde alles eingerichtet und alle Gäste untergebracht waren. In diesen Tagen kamen die Pilger zum nahe bevorstehenden Osterfeste bei Hunderten und Tausenden in die Hauptstadt gezogen vom Jordan, vom See Genezareth, von Damaskus, von Antiochien, von Thessalonich, von Bethlehem und Hebron, von Arabien und Ägypten; von allen vier Himmelsstrichen kamen die Juden und Judengenossen daher geschwärmt, Jerusalem füllend, bis es an allen Ecken und Enden wimmelte, unbekümmert um die Römer, die bereits das ganze Land zertraten und jetzt auch der Königin unter den Städten, dem Stolze der ganzen Nation, gefährlich nahe kamen. Andere strömten in die Dreihügelstadt herein, um eine sichere Zuflucht vor den Römern zu finden, noch andere, um hier ihren Raub- und Mordgelüsten zu fröhnen, und so wuchs, dem Geschichtschreiber Josephus zufolge, die bunte Menschenmenge an bis weit über zwei Millionen Seelen, dem Bergstrom gleich, der im Frühling, wenn der Schnee auf den Höhen schmilzt, riesig anschwillt und seine Ufer bis weit ins Land hinein überflutet. Jeder Hausvater nahm unentgeltlich so viele Festgäste in seine Wohnung zur Herberge auf, als er mit äußerster Selbstbeschränkung unterbringen konnte. Alle freien Plätze in und um Jerusalem, alle Thäler und Bergseiten waren mit Zelten bedeckt, in denen eine ungeheure Menge die Zeit des Festes über, manchmal zwei Wochen lang und länger, sich einrichtete und wohnte, so gut es ging, und viele Hunderte von Armen schliefen unter dem freien Himmel, bloß in eine Decke gehüllt oder mit einem Mantel zugedeckt.

Da erschien plötzlich Titus mit seiner Leibwache von sechshundert auserlesenen Reitern auf dem Hügel Scopus im Norden der Stadt. Sein Heer hatte er bei Gibeah Saul zurückgelassen. Er war ohne Brustpanzer und Helm und nur eine Fouragiermütze deckte sein Haupt. Er hielt auf der Anhöhe einige Minuten an, versunken in den großartigen Anblick der weltberühmten Hauptstadt der Juden, die jetzt vor seinen verwunderten Augen im Schoße des Frühlings wie in einem Garten Gottes dalag mit ihren riesigen Mauern und Zinnen, mit ihren herrlichen Palästen und dem wundervollen Tempel. Dann ritt er mit seinen Mannen, die prächtigen Landhäuser der Reichen, die frischgrünen Ölbäume und duftenden Blumengärten zur Rechten und Linken bewundernd, weiter durch das Thal Josaphat daher und die Anhöhe heran in die Nähe der Mauer, wo er rechts abbog nach dem Psephinusturme zu. Da stürzte plötzlich ein großer Haufe Juden aus dem Thore, warf sich mit der Schnelligkeit des Windes auf die sicheren Römer, trennte Titus mit einigen Begleitern von der übrigen Leibwache, die vor dem wilden Anprall zu weichen begann, und stürmte auf den Feldherrn ein. Querfeldein konnte er nicht entweichen wegen der Mauern, Felsen und Gärten; floh er weiter nach dem Psephinusturme, so mochte er in einen Hinterhalt geraten. Da riß er kurz entschlossen sein Schwert heraus, setzte seinem Rosse die Sporen in die Weichen und rief: „Folgt mir, Waffenbrüder!" Diese unerwartete Verwegenheit des Römers wirkte lähmend auf seine Angreifer. Die Hiebe fielen rechts und links, die Schwerter blitzten, die Speere flogen. Ein

Die Zerstörung Jerusalems.

Heide stürzte tot vom Pferde; ein zweiter wurde herabgerissen und erwürgt. Doch Titus und die wenigen andern schlugen und traten nieder, was sich ihnen in den Weg stellte, bis sie sich freie Bahn gebrochen hatten, und so entging der Feldherr der Römer dem Tode um ein Haar breit. Von nun an wurde er vorsichtiger. Am Tage darauf rückte er mit seinem ganzen Heere vor die Stadt. Als die römischen Adler auf dem Skopus erschienen, durchfuhr ein ungeheurer Schrecken das ganze Jerusalem. Die Pilger außerhalb der Mauern rissen ihre Zelte nieder und flohen zum Teil in die schon überfüllte Stadt, andere eilten nach Nordwesten auf der Jaffastraße, noch andere nach Süden auf dem Wege nach Bethlehem in wilder Aufregung davon.

Am 14. Nisan war die Zeit, da das Passahlamm geschlachtet werden sollte. Eleazar mit seinen Leuten hatte den Tempel und Altar inne und keiner der Pilger konnte sein Opfer zum Altar führen ohne Erlaubnis von Eleazar. Johannes hatte bei dem Anrücken der Römer Simon und Eleazar feierlich zugeschworen, allen Bruderzwist fallen zu lassen, um mit vereinten Kräften dem drohenden Feinde zu begegnen. Jetzt aber wählte er aus seinen Leuten handfeste, verwegene Männer aus, die dem Eleazar von Angesicht unbekannt waren, ließ sie in unschuldige Pilgergewänder sich hüllen, aber sich unter ihren Mänteln mit Schwertern und Dolchen bewaffnen und sandte sie zu Eleazar. Dieser ließ sie ahnungslos unter der Menge der Pilger passieren. Kaum waren sie drinnen, als sie die verborgenen Schwerter zückten und ihren Genossen die Thore öffneten. Ein schreckliches Blutbad entstand und das Blut der Anhänger Eleazars und unschuldiger Pilger floß mit dem Blut der Opfertiere am Altare zusammen. Eleazar mußte durch Flucht sein Leben retten und Johannes war Herr des Tempels.

Fünftes Kapitel.
Beginn der Belagerung.

Am Abend dieses Tages, an welchem Eleazar vor seinem siegreichen Nebenbuhler kaum das nackte Leben gerettet hatte, feierte er mit den Seinen und den Festgästen in seinem Hause die Passahmahlzeit. Durch den tückischen Streich des Johannes waren die Pilger und Hausväter beim Schlachten der Passahlämmer gestört und aus den Vorhöfen des Tempels verscheucht worden; doch hatte der neue Machthaber, nachdem er sich die Herrschaft im Tempel gesichert, bald wieder Ruhe und Ordnung hergestellt, und nun ging das Metzeln der Tausende von Lämmern um so hurtiger seinen Gang. Da Eleazar viel zu sehr mit den Zielen seines Ehrgeizes war beschäftigt gewesen, als daß er sich hätte um die Angelegenheiten seines Hauses bekümmern können oder wollen, so hatte Amarja an seiner Stelle schon am zehnten April ein einjähriges, männliches Lamm, das ohne Fehl war, ausgewählt und führte es jetzt gegen Abend mit Hülfe Jorams in den Vorhof des Tempels. Da schlachtete er es; ein Priester fing das Blut in einer Schale auf und reichte es einem zweiten und dieser gab es weiter bis zum Brandopferaltar hin, wo es an den Boden desselben ausgeschüttet wurde; die Fettstücke des Lammes aber wurden auf dem Altare verbrannt, und dann begab sich der Greis und sein junger Begleiter, der das Lamm auf seiner Schulter trug, zurück in die Wohnung Eleazars.

Die Zerstörung Jerusalems.

Thamar hatte am Tage zuvor das ganze Haus sorgfältig von allem Sauerteig gereinigt, und reichlich ungesäuerte Kuchen gebacken. Sie legte nun das Lamm ganz, ohne ihm ein Bein zu zerbrechen, mit Kopf, Schenkeln und Innerem ans Feuer, wo es langsam briet.

Als die Sonne untergegangen war, kam auch Eleazar heim, denn da er jetzt ein Feldherr ohne Heer war, so ließen ihn die Wachtposten Simons im Turme am Westende der Brücke ungehindert nach seiner Wohnung auf dem Zion passieren. Er kam verwirrt und niedergeschlagen und dann auch wieder wild auffahrend in leidenschaftlichem Zorn über die meineidige Blutthat, die Johannes von Gischala heute an ihm begangen. Die ihm wiederfahrene Schmach drückte so schwer auf sein Gemüt, daß er kaum wußte, was er sagte und was er that. Amarja mußte wiederholt ihn zu beruhigen suchen und ihn nachdrücklich daran erinnern, daß er jetzt seine Pflichten als Hausvater bei dem Passahmahl zu verrichten habe. Als Thamar erfuhr, was geschehen war, umarmte sie ihren Vater mit tiefem, entrüstetem Leid über den schändlichen Verrat, der an ihm verübt worden, und suchte ihn durch tröstliche Worte aufzurichten. Als dann das Osterlamm gar gebraten und die Dunkelheit hereingebrochen, ermannte sich das geschlagene Familienhaupt so weit, daß er der heiligen Feier vorstand. Das dampfende Lamm, ungesäuertes Brot, Salat von bittern Kräutern und Wurzeln und Wein wurden aufgetragen. Eleazar trat oben an den Tisch, Amarja, Thamar, Joram und alle, die sich im Hause befanden und nach dem Gesetze rein waren, reihten sich um die Tafel. Der Hausvater schenkte einen Becher voll Wein und segnete ihn mit dem Spruch: „Gelobt seist du, Herr unser Gott, du König der Welt, der du die Frucht des Weinstocks geschaffen hast!" worauf er davon trank und ihn Amarja reichte und so wurde er von der Gesellschaft der Reihe nach ausgetrunken. Jetzt wusch man die Häude und legte sich um den Tisch auf die Polster nieder und eröffnete die Mahlzeit damit, daß jeder etwas von den bittern Kräutern nahm und aß. Ein zweiter Becher Wein wurde eingeschenkt. Da der Sohn des Hauses, Ela, bereits zu den Toten zählte, so stellte Nathan die vorgeschriebene Frage: „Was habt ihr da für einen Dienst?" Eleazar gab die Antwort, indem er nach der Schrift erklärte, wie der Herr das Passahmahl eingesetzt habe, und Zweck und Bedeutung dieses Mahles in längst auswendig gelernten Sprüchen und Formeln auslegte. Nach Beendigung seiner Rede stimmten alle Tischgenossen unter Jorams Leitung das große Hallelujah an und sangen den ersten Teil desselben, nämlich die Psalmen 113 und 114, worauf der zweite Becher ausgetrunken wurde. Jetzt nahm der Hausvater das Brot in seine Hand und segnete es mit den Worten: „Das ist das Brot der Trübsal, das unsere Väter in Aegypten gegessen haben"; dann brach er es, aß davon und reichte es herum. Ebenso aß er von dem Osterlamm und den Kräutern, und nach seinem Vorgang aß und trank dann ein jeder nach seinem Belieben. Nachdem nun das Lamm verzehrt, wurde gedankt für die genossene Speise und der Kelch der Danksagung, der dritte Kelch, ging von Munde zu Munde. Dann wurde der zweite Teil des großen Hallelujah, Psalm 115 bis 118, gesungen und der Hausvater sprach: „Gelobt sei, der da kommt im Namen des Herrn! Wir segnen euch, die ihr vom Hause des Herrn seid!" Hierauf wurde noch der vierte Becher gesegnet und getrunken, womit die ganze Feier schloß.

Die Zerstörung Jerusalems.

Wie ein schwellender Strom, wenn er eine Zeit lang zurückgedämmt wurde, nachher um so mächtiger und unwiderstehlicher sich Bahn bricht und alles vor sich niederwirft, so brach jetzt die unbändige Wut Eleazars, die er während der Feier gewaltsam verhalten hatte, in erschreckender Heftigkeit los und erfüllte alle, die mit ihm im Hause waren, mit Entsetzen. Er forderte noch mehr Wein und goß ihn hinunter, als wolle er sich ersäufen. Alle Ermahnungen, Tröstungen, Bitten und guten Worte vermochten ihn nicht zu beschwichtigen. Es gab bei ihm, wie einst bei Saul, nur noch ein Mittel, das dem Sturm in seiner umnachteten Seele Einhalt thun konnte, und darauf verfiel er jetzt selbst, indem er Joram, den Dichter, zum Singen und Spielen aufforderte. Joram holte seine Githith, eine Harfe mit acht Saiten, herbei und sang mit schöner männlicher Stimme das folgende Lied, wozu er mit kundiger Hand seinem geliebten Instrumente hinreißende Töne entlockte:

    Wer wagt's mit flatternden Adlern kühn
      Zu drohen Jerusalems Mauern?
    Stolz zeuchst du daher zu frevlem Bemühn;
      Wie kannst du, Römer, mich dauern!
    Bis hierher glänzte vom Sieg dein Speer;
    Doch wird dein unüberwindliches Heer
      An Salems Felsen zerschellen.
        Auf, heiliges Volk, in eherner Kraft,
        Bis blutige Rache dein Arm dir schafft!

    Du pochst auf Schwert und du pochst auf Spieß
      Und trotzest auf Roß und Reiter.
    Du wähnst, wo immer dein Sturmbock stieß,
      Bräch' alles in Scherben und Scheiter.

Doch unsre Kraft ist Israels Gott;
Drum setzt euch Heiden zu Schand' und Spott
　　Das Volk des Gottes der Götter.
　　　　Auf heiliges Volk u. s. w.

Heran, ihr Brüder, und wappnet euch keck
　　Und greift nach Pfeilen und Dolchen.
Weicht nun und nimmer, ihr Helden, vom Fleck
　　Vor römischen Schelmen und Strolchen.
Du Zeug Jehovahs, halte dich stark,
So fährt dein Schrecken durch Bein und Mark
　　Den unreinen Hunden da draußen.
　　　　Auf, heiliges Volk u. s. w.

Für Herd und Tempel und Heiligtum,
　　Jerusalems heilige Berge;
Für Gottes und seines Volkes Ruhm
　　Stürmt ein auf die heidnischen Zwerge!
Dann wird der unbeschnittenen Mut
Erlöschen in ihrem eigenen Blut
　　Und unser ist Sieg und Herrschaft.
　　　　Auf, heiliges Volk u. s. w.

Als Joram ausgesungen, wobei besonders Nathan und Maria in den Rundgesang eingestimmt, Thamar jedoch nur geschluchzt hatte, war Eleazar, mit infolge des reichlich genossenen Weines, ruhiger, oder vielmehr stumpfsinniger geworden. Thamar und Maria redeten ihm freundlich zu und halfen ihm zu Bett, wo er wegen der gänzlichen Erschöpfung und Erschlaffung, die auf die übermäßige geistige wie leibliche Anspannung gefolgt war, in einen bleischweren, wenig erquickenden Schlaf verfiel. Um ihm ungestörte Ruhe zu gönnen, sowie selbst nach diesem aufgeregten Tage etwas davon zu genießen, zogen sich auch die anderen alle zu ihrem Nachtlager zurück. Thamar schlum=

Die Zerstörung Jerusalems.

merte und wachte abwechselnd einige Stunden und sehnte den Tag herbei. Zu dem tiefen Kummer ihres Herzens, den wir schon kennen, hatte sich in den letzten Monaten und Wochen eine immer beängstigendere Sorge um den Vater gesellt. Sie fürchtete jetzt schier, daß er nahe daran sei, wahnsinnig zu werden. Sie wollte für ihn beten; allein es war, als bringe ihr Gebet gar nicht durch, als habe sie keinen Gott mehr, der ihr Gebet erhöre, und zuzeiten wollte die innere Qual unerträglich werden. Als der Tag zu grauen begann, konnte sie es nicht mehr auf ihrem Lager aushalten. Sie stand auf und schlich, während alles noch still im Hause war, leise hinaus, um ihre heiße Stirn in der frischen Morgenluft zu baden. Sie wanderte fort ohne Ziel, kam durch das Thor am Mariamneturme in die Unterstadt, gelangte auf die Damaskusstraße, wanderte durch das merkwürdiger Weise ebenfalls offen stehende Thor der zweiten Mauer, bog, in ihre Gedanken vertieft, links ab und wanderte die pfadlose, kahle Anhöhe hinan. Sie befand sich plötzlich, ohne daß sie es wußte wie, auf der Schädelstätte. Nur eine kurze Strecke weiter gähnte ihr aus einer Felswand die niedrige Öffnung eines leeren Grabes entgegen. Als sie inne wurde, daß ihr verräterischer Fuß sie an den Ort getragen habe, wo Simris Heiland gekreuzigt wurde, fuhr ihr ein kalter Schauder durch die Glieder und mit einem leisen Aufschrei lief sie davon. Als sie nahe an die dritte Mauer kam, hörte sie plötzlich hinter sich einherkommend ein heiseres, schauerliches Geschrei: „Wehe, Wehe, Jerusalem! Wehe, Wehe, der verfluchten Stadt! Wehe allem Volk! Wehe, Wehe auch mir!" Bebend stand die Jungfrau still und sah sich um. Da kam der Unglücksprophet Josua oben auf der Mauer dahergerannt, wie ein

Gespenst, mit hohler Stimme aus Leibeskräften sein unablässiges Geheul ausstoßend. Nur elende Lumpen hingen in Fetzen an seinem vom Kote starrenden Leibe, sein Haar flatterte ungeschoren und ungekämmt um seine Schultern und seine blutunterlaufenen Augen stierten, wie die eines Wahnsinnigen, während seine Arme ruckweise die Lüfte durchsägten. Als er Thamar gerade gegenüber war, stürzte er plötzlich, von einem römischen Geschosse tötlich getroffen, mit einem wehmütigen Klagetone sterbend von der Mauer hernieder dicht vor ihre Füße hin. Zum Tode entsetzt floh sie zurück und lief, bis sie atemlos in ihrer Wohnung wieder ankam.

Nachdem Titus einen heftigen Ausfall der Juden gegen die 10. Legion, die auf dem Ölberg lagerte, siegreich zurückgeschlagen, ließ er im Norden und Nordwesten der Mauer die Häuser niederreißen, die Fruchtbäume umhauen, die Gärten zertreten, die Felsen zerschlagen, die Tiefen auffüllen und alles rücksichtslos eben und gleich machen, um freien Spielraum für seine Operationen gegen die Stadt zu gewinnen. Die Bürger Jerusalems sahen von den Mauern herab mit tiefem Schmerze und lautem Wehklagen dieser rücksichtslosen Verwüstung zu, wodurch die paradiesische Umgebung ihrer Hauptstadt zu einer Einöde wurde, und suchten den wühlenden Römer in eine Falle zu locken, indem sie sich stellten, als bäten sie um Frieden. Ein Teil von dem Heere des Titus ließ sich bethören und kam bis in das weit offenstehende Thor herein, wurde aber dann von den Juden, die plötzlich ihre verborgenen Schwerter herausrissen, mit Verlust und großer Schmach in das Lager zurückgejagt.

Titus befand sich einige Tage nach dem Passahfeste

Die Zerstörung Jerusalems.

gegen Abend eben allein in seinem Zelte und überlegte verschiedene Pläne und Entwürfe zum Angriff gegen die Stadt. Er war ein wohlgebauter, starker Mann von mittlerer Höhe und stand in seinem 29. Jahre. Sein Angesicht trug jetzt, wie gewöhnlich, einen gütigen, doch würdevollen Ausdruck. Er war in den Künsten und Wissenschaften der damaligen Zeit wohlgebildet und besonders geschickt in der Handhabung der Kriegswaffen, so dass er einmal mit zwölf Pfeilen zwölf Feinde erlegte. Auch war er ein sehr gewandter Reiter und hatte unter seinem Vater Vespasian mit Auszeichnung als Kriegstribun in Britannien gedient. Im jüdischen Lande wurde er mit der schönen Berenice, der Pflegeschwester des Königs Agrippa, bekannt, mit welcher er zum großen Ärgernis der Juden ein unerlaubtes Verhältnis unterhielt bis zu seiner späteren Besteigung des römischen Kaiserthrones, wo er ihr aus Rücksicht aus die öffentliche Meinung den Abschied gab.

Als er jetzt so in seine Gedanken vertieft dasaß, trat sein Leibdiener herein und meldete einen Juden, der ihn sehen und sprechen wolle. Titus, der sich weder bei Tag noch bei Nacht unbewaffnet finden ließ, befahl, ihn herein zu führen. Es war Simri.

„Wer bist du?" fragte Titus sogleich, indem er den Ankömmling mit schnellen, scharfen Blicken vom Scheitel bis zur Fußsohle maß, während dieser in seiner Verbeugung vor dem Römer nach Landessitte mit seiner Stirne den Boden berührte.

Simri, der sich der lateinischen Sprache ziemlich mächtig zeigte, gab mit freiem, offenem Antlitz, indem er dem Feldherrn grade in die strengen Augen sah, zur Antwort:

„Simri ist mein Name, Obadjas Sohn; ich bin ein Arzt aus Jerusalem."

„Was willst du hier bei mir?"

„Ich habe eine Bitte an dich."

„Und was ist die?"

„Erlaube deinem Knechte gnädig, in deiner Nähe bleiben zu dürfen."

„Warum das?"

„Dein Knecht möchte in dem bevorstehenden Untergang Jerusalems seine Braut, die er mehr als sein Leben liebt, retten."

„Wer ist deine Braut?"

„Es ist Thamar, die herrliche Tochter Eleazars. Ich habe mich mit ihr unter Zustimmung ihres Vaters verlobt, kam aber noch vor der Hochzeit zu der Erkenntnis, daß Jesus von Nazareth, der Gekreuzigte, der Sohn Gottes und Heiland der Welt ist, und wurde ein Christ. Jesus aber hat uns vorausgesagt, daß ein erschreckliches Strafgericht Gottes über Jerusalem und das Volk der Juden ergehen werde, weil sie ihren Messias verworfen und ermordet und die Zeit der gnädigen Heimsuchung ihres Gottes nicht erkannt haben. Dieses Strafgericht Gottes wirst du, großer Feldherr der Römer, jetzt über die gottlose Stadt vollstrecken, du bist der Gesandte Gottes zur Rache über das abgefallene Volk.

Bei dieser Erklärung blieb der stolze Römer dem Anschein nach völlig ruhig, konnte jedoch einen flüchtigen Zug des Spottes und dann den Ausdruck gespannterer Aufmerksamkeit und innerer Freude auf seinem Angesichte nicht ganz unterdrücken. „Dafür also," warf er gleichgültig hin, „seht ihr Christen mich an?"

Die Zerstörung Jerusalems.

„Ja," fuhr Simri fort, in dessen anfangs bleiches Antlitz eine lebhaftere Farbe allmählig zurückkehrte. „Darum sind wir auch dem Gebot unseres Herrn gefolgt und haben, als du mit deinen Legionen heranzogst, die Stadt mit Weib und Kind verlassen und jenseit des Jordans Zuflucht gesucht. Meine Braut aber konnte nicht zum Glauben an Jesum als den Messias kommen, sondern blieb bei dem abgethanen Glauben der Väter, und ließ sich, da auch der Fluch des eigenen Vaters sie bedrohte, nicht dazu bewegen, mit mir aus Jerusalem zu fliehen. Mein Herz blutete; allein mein Heiland und sein Gebot steht mir noch höher, als die Verlobte, und ich musste mich von ihr losreißen, wollte ich nicht mutwillens mit der fluchbeladenen Stadt in die Flammen des göttlichen Zornes stürzen. Doch retten, retten möchte ich meine Braut, wenn Gott in seiner Barmherzigkeit mein Gebet erhören wollte und du, Gottesgeißel, mir gestattest, dabei zu sein, wenn die Mauern vor dir fallen."

Simri sank vor dem Heiden auf seine Knie und die Thränen traten in seine Augen.

Die Mienen des Römers aber wurden eiskalt in ihrem Ausdruck und er sagte langsam und gemessen: „Dein Messias hat also gesagt, die Römer sollten Jerusalem erobern und zerstören. Glaubst du wirklich, dass dieses Wort deines Messias Wahrheit ist, so beweise es mir mit der That: nimm den Dolch, den du unter deinem Obergewande verborgen hast, und durchstich dich selber, so erkenne ich, dass du mich nicht belügst."

Simri, der sich wieder erhoben hatte, sah Titus eine Zeitlang mit stummem Erstaunen an. Dann erwiderte er ruhig und fest: „Ich habe weder Dolch noch andere Waffen bei mir, weder offen noch verborgen; denn dein Knecht geht nicht mit Ränken und Tücken um. Was mir aber Jesus gesagt hat, das glaube ich, und habe ich damit den Tod vor dir verdient, so ist hier mein Haupt, laß es abschlagen. Allein selber werde ich mir das Leben nicht nehmen; denn das wäre Sünde wider meinen Gott und Heiland, der gestorben ist, um mein Leben vom Verderben zu erretten."

Titus ließ, ohne ein Wort zu entgegnen, den Befehlshaber der Leibwache rufen. Als derselbe erschien, gebot er ihm, Simri gefangen zu nehmen und ihn bis auf Weiteres in strengem Gewahrsam zu halten; jedoch zuvor sofort vor des Feldherrn Augen ihm die versteckten Waffen abzunehmen. Der Führer der Leibwache that, wie ihm befohlen war, wobei Simri nicht den mindesten Widerstand entgegensetzte, fand jedoch keinerlei Waffen bei ihm. Dann führte er auf einen zufriedenen Wink seines Oberen den Gefangenen ab.

Sechstes Kapitel.
Der Adler umkreist das Aas.

Simri eroberte sich das Vertrauen des römischen Feldherrn im Sturme. Denn schon nach zwei Tagen finden wir ihn mit Josephus, Nikanor und dem Befehlhaber der Leibwache als einen Begleiter des Titus bei dessen Ritt um die Stadt. Der Zweck, warum der Römer ihn anfangs so rauh behandelt, war also nur gewesen, den Ankömmling auf die Probe zu stellen. Denn er konnte dem tückischen Volke gegenüber, mit welchem er es hier zu thun hatte, nicht genug auf seiner Hut sein. Simri aber erwies sich in allen Proben als wahrhaftig, und sein offenes Wesen, seine frei-

Die Zerstörung Jerusalems.

mütige Rede und sein treuherziges Auge hatten Titus bald überzeugt, daß er hier keinen Feind vor sich habe, ja ihm das Herz abgewonnen. Er setzte daher den jungen Arzt in Freiheit, gewährte ihm seine Bitte, in der Nähe des Feldherrn bleiben zu dürfen, und machte ihn zum Gehülfen des Feldschers in der Leibwache.

Am frühen Morgen setzte sich der Feldherr mit seinen schon genannten Begleitern zu Pferde und begann von seinem Hauptquartier am Psephinusturme aus seinen Erforschungsritt um das dem Untergang geweihte Jerusalem.

Wir wollen uns ihnen anschließen, da der ganze Umfang der Stadt ja nur anderthalb Stunden oder ungefähr fünf Meilen beträgt. Zunächst kamen sie am Turm Hippikus, der alten Davidsburg, vorbei. Die Quadersteine, aus welchen er erbaut war, forderten die Bewunderung der Römer heraus; denn sie waren teilweise bis dreißig Fuß lang, dreißig breit und sieben oder acht hoch, und so kunstvoll und fest durch Cement und Blei verbunden, daß der ganze Turm aus einem einzigen Felsblock gehauen schien. Er stand auf einer Anhöhe und erhob sich fünfundvierzig Fuß hoch und maß siebenunddreißig Fuß im Geviert. Neben demselben befand sich das Jaffa= oder Bethlehemsthor, in welches die Nordweststraße von Jaffa und der Seeküste her und die Südstraße von Bethlehem herab vereinigt einliefen. — Innerhalb der Mauer schloß sich an den Turm der vielbewunderte Palast des Herodes an. In seinen Hallen wurde unserm Heiland, den Pilatus zu Herodes geschickt, ein weißes Kleid angezogen und Spott und Schmach angethan. Indem unsere Reiter einige Schritte weiter zogen, gelangten sie in das Gihon= oder Hinnomthal, das im Westen der Stadt am oberen Gihonteich beginnt, in südli=

cher und südöstlicher Richtung um den Zion läuft und sich rasch tiefer und tiefer senkt.

„Was ist dies?" fragte Titus, als sie jetzt an eine steinerne Bogenbrücke kamen, die hier von West nach Ost über das Thal setzte.

„Dies ist," erklärte Josephus, „die Wasserleitung, die Pilatus mit dem geraubten Tempelschatze angelegt hat. Südlich von Bethlehem liegen die drei Teiche Salomos an einem Abhang übereinander. Ein Teil ihres Wassers wird durch die Röhren hierher geleitet, läuft über diese Brücke, um den Fuß des Zion und das Käsemacherthal hinauf zum Tempel. Ein Nebenarm läuft zur Davidsburg, an der wir eben vorbeikamen. Bei dem großen Mangel an Quellen und Bächen innerhalb der Stadt musste man von Anbeginn darauf bedacht sein, zahlreiche Wassersammlungen von außen her anzulegen. Darum siehst du, großer Feldherr, hier gleich hinter der Brücke noch eine Wassersammlung, den untern Gihonteich, der von dem obern gespeist wird."

„Eine herrliche Schicht Wasser!" meinte Titus, „wohl gegen dreihundert Fuß lang und halb so breit."

„Und dreißig Fuß tief," setzte der Jude hinzu.

Jetzt hörten die lieblichen Gärten, je weiter die hohe Gesellschaft in die Tiefe des Thals hinunter ritt, mehr und mehr auf, und das Thal wurde zu einer schauerlichen Schlucht, die auf beiden Seiten von steilen, rauhen, teilweise wildzerklüfteten Felswänden eingeengt und überschattet wurde. Der Boden war hier mit einer tiefen Lage losen Steingerölls bedeckt und der Ritt durch die dunkle Schlucht daher ein sehr schwieriger, wo nicht gefährlicher.

„In dieser wilden Gegend, erklärte Josephus weiter, hatten die Juden vorzeiten, als sie von ihrem Gott abfielen, das Bild des Götzen Moloch mit dem Kopfe eines Stiers und den Armen eines Menschen aufgerichtet. Es wurde Feuer darin angezündet und wenn seine Arme glühten, legte man seine Söhne und Töchter darauf, dem Götzen zum scheußlichen Opfer. Der fromme König Josias aber that dem Greuel Einhalt. Das Volk warf hinfort in diese Schlucht die Leichname der Verbrecher und gefallenen Tiere und, um die ekelhaften Dünste zu vertreiben, wurde hier ein beständiges Feuer unterhalten. Daher gilt dieses Thal Hinnom oder Gehenna bei den Juden für ein Bild von dem Orte, wo die Verdammten gequält werden, wo der Wurm nicht stirbt und das Feuer nicht verlischt."

Titus schaute im Weiterreiten mit großer Verwunderung an den starrenden Felsenmassen zu seiner Linken hinauf, auf deren Gipfel noch eine riesige Mauer emporstieg, und murmelte öfter vor sich hin: „Unbezwinglich! unangreifbar!" Zur Rechten, dem Zion gegenüber im Süden, erhob sich die Höhe zu einem Berge.

„Dies," berichtete Simri, indem er sein Pferd etwas anspornte, um an die Seite des Feldherrn zu kommen, „dies ist der Berg des bösen Rates. Auf demselben stand das Haus des Hohenpriesters Kaiphas, in welchem die Obersten unsres Volks bösen Rat hielten und beschlossen, Jesum von Nazareth umzubringen, weil es besser sei, daß einer für das Volk sterbe, als daß das ganze Volk verderbe. Auf dem östlichen Fuße dieses Berges liegt der Blutacker, der zum Begräbnis der Pilger erstanden wurde für die dreißig Silberlinge, um welche Judas seinen Herrn und Meister verschachert und die er dann in seiner Verzweiflung in den Tempel geworfen hatte."

Hier waren auch die Felsenwände zu beiden Seiten mit

ausgehauenen Gräbern neben und über einander bedeckt, und diese Totenstadt setzte sich weit in das Kidronthal nach dem Toten Meere zu fort. Es wurde hier der Gesellschaft schauerlich zu Mute. Sie kamen jetzt zu dem tiefsten Punkte der Stadt, wo drei Thäler zusammenstießen, das Hinnomthal von Nordwesten, das Käsemacherthal von Norden, welches den Zion und Moriah voneinander schied, und das Kidronthal, welches den Tempelberg Moriah von dem mächtigen Ölberge im Osten trennte, und alle drei zu einem vereinigt wandten sich von hier östlich nach dem Toten Meere. Sichtlich erquickt wurden die Reiter durch den Anblick der herrlichen sogenannten Gärten des Königs, die hier in der erweiterten Ebene sich ausdehnten. Sie prangten im üppigsten Grün mit Feigen-, Granat-, Oliven- und anderen Bäumen, die voller Blüten und Früchte hingen. Titus konnte sich nicht entbrechen, einen kleinen Abstecher zu machen, um durch diese Gärten zu reiten, ihre erquickenden Düfte einzuatmen und ihrer Früchte zu genießen. Am Südende derselben lag der wohlverwahrte Brunnen Rogel und um denselben standen steinerne Wassertröge zum Tränken des Viehes.

Während sie ihre Pferde aus diesen Trögen saufen ließen, sagte Nikanor: „Hier war es, wo Adonia gegen den Willen seines Vaters David sich zum König machen ließ und ein großes Festmahl veranstalte, welches ihm aber sehr bald arg versalzen wurde."

Bewässert wurden die Gärten des Königs von dem berühmten Teiche Siloah, der zwischen dem Fuße des Zion und dem des Moriah glitzerte und sein Wasser durch eine unterirdische Leitung aus einem Brunnen im Kidronthal erhielt.

Die Zerstörung Jerulalems. 61

„Hierher," so machte Simri auf den großen Wasser=
behälter aufmerksam, „sandte unser Heiland einen Blindge=
borenen mit dem Befehl, sich in diesen Wellen zu waschen.
Er kam, wusch sich und kehrte sehend zurück."

Der römische Heerführer aber hatte auch hier sein
Hauptaugenmerk auf die Befestigungswerke gerichtet. Er
ritt eine Strecke in das Käsemacherthal hinauf und betrach=
tete genau die Mauer, die zu seiner Linken am Rande des
Zion hinauflief, weiter oben über die Thalschlucht setzte und
auf seiner Rechten am Rande des südlichen Abhangs des
Moriah sich wieder herabzog. An verschiedenen Stellen
sahen die Krieger Simons drohend von der Mauer auf ihn
hernieder und beobachteten eine jede seiner Bewegungen,
und wäre er in Schußweite gekommen, es hätte Pfeile auf
ihn geregnet. Am Nordende der Mauer, wo sie die Thal=
schlucht kreuzte, befand sich das Mistthor, durch welches aller
Unrat der Stadt herausgeschafft wurde, der dann den gan=
zen Abhang des Berges herabfloß. Die drohenden Ge=
sichter und Geschosse auf den Wällen schreckten den Römer
nicht sehr, als er aber in den Bereich dieses Unflats geriet
und sein Pferd plötzlich bis fast an die Knie hineinsank, trat
er schnell den Rückzug an.

Wir müssen hier einen Augenblick in Thamars Woh=
nung zurücktreten. Ihre Magd Zilla war zu einer plötzlich
erkrankten Freundin geeilt. Dieselbe wohnte in einem klei=
nen Hause unmittelbar an der Südostmauer des Zion und
von dem Dach desselben konnte man auf den Teich Si=
loah und das ganze Thal hinunter sehen. Während Titus
eben von seinem abenteuerlichen Ritt aus dem Käsemacher=
thal zu seinen Begleitern zurückkehrte, kam Zilla zu ihrer
Herrin Thamar atemlos heimgelaufen.

„Was ist?" fragte Thamar bestürzt. „Deine Freundin ist doch nicht —?"

„Noch nicht!" war die gebrochene Antwort; „aber — sie liegt schon im Sterben."

„Warum bleibst du denn nicht?"

„Ich — ich habe Simri gesehen!"

„Was hast du?" fragte Thamar gedehnt, während ihre Wangen vor Erregung bleich wurden.

„Ich habe Simri gesehen."

„Simri? Dir träumt, du faselst."

„Ich war auf dem Dach und betete für meine sterbende Martha. Als ich mich wieder erhob, fielen meine Blicke von ungefähr über die Mauer und auf den Siloah hinunter. Und — wer beschreibt mein Erstaunen — da hielt Simri zu Rosse mit noch fünf oder sechs andern vornehmen Reitern. Sie tummelten ihre Tiere umher und ritten alle nach den Königsgärten hinab. Da sprang mein Herz hoch auf vor Freude, und hier bin ich, es dir zu verkündigen."

„Unglaublich!" meinte Thamar kopfschüttelnd. „War er gefangen?"

„Nein, er ritt wie ein Fürst unter Fürsten."

„Sollte Simri sich zu den Römern geschlagen —? Nimmermehr! Unglaublich! Mach, dass du zu deiner sterbenden Freundin zurückkommst und sieh am hellen Tage keine Gespenster mehr!"

„Wahr ist es aber doch!" rief die Magd und sprang wieder davon. Thamar aber versank tief bewegt ins Grübeln.

Unsere Reiter setzten nun ihren Ritt fort, indem sie um den Südabhang des Moriah bogen, das Kidronthal hinauf. Zur Rechten begann das Südende des Ölbergs emporzu-

Die Zerstörung Jerusalems. 63

steigen. Zur Linken aber erhob sich der felsige Moriah immer rauher und schroffer, und der Wall aus ungeheuren Felsblöcken, der an seinem Rande zu immer steilerer Höhe hinanlief, nötigte dem sinnenden Feldherrn wiederholt ein vielsagendes Kopfschütteln ab. Der Kürze wegen übergehen wir die vielen und langen Erklärungen, die Titus sich über alles, worauf seine Blicke fielen, von seinen Begleitern geben ließ. Als sie den wasserreichen Brunnen, der am Fuße des Tempelbergs unaufhörlich sprudelte, erreichten, rief der Befehlshaber der Leibwache aus:

„Diesen unermeßlichen Wasservorrat, von dem die ganze Stadt lebt, Brunnen, Leitungen und Teiche, müssen wir abschneiden, dann wird der Durst in kurzer Zeit Jerusalem in unsre Hände liefern!"

„Ein vergebliches Unterfangen!" versetzte Josephus. „Denn die Stadt und sonderlich der Tempel ist mit Wasser wohl versorgt durch eine ganze Menge von ausgemauerten oder durch den Fels gegrabenen unterirdischen Behältern, Gewölben und Leitungen, die teilweise so tief liegen und sich so weit verzweigen, daß von vielen kein Mensch außer den Obersten des Volks weiß, woher sie ihr Wasser empfangen. Auch befindet sich der Brunnen, den Hiskias achtzig Fuß tief in den Felsen senken ließ, mitten in der Stadt, nur hundert und einige Schritt gegen Abend vom Tempel. Sein Wasser ist unerschöpflich und von demselben Geschmack, wie das des Siloahteiches. Woher es kommt, ist ein Geheimnis. Ob der Brunnen ein Quell, oder bloß ein Behälter ist, weiß niemand. Ausgemauerte Leitungen laufen von ihm nach allen Richtungen."

Sie kamen an dem Denkmal des Absolom und den Gräbern der Propheten vorüber, welche letzteren mittewegs am Ölberg aus unterirdischen, in den Berg hineinlaufenden Gewölben und Kammern bestanden. Die Vorposten der 10. Legion hielten auf der ganzen Ostseite der Stadt in kurzen Entfernungen Wache und thaten ihrem vorbeireitenden Feldherrn in großer Begeisterung die militärische Ehre an. Die hohe Gesellschaft ritt rascher, wo der Fuß des Ölbergs bis auf fünfzig Schritt an den Fuß des Tempelbergs herantritt und das Kidron= oder Josaphatthal zwischen zwei steilen Felswänden zu einer gefährlichen Schlucht sich verengt.

Doch die Juden hinter den Mauern hatten keine Ahnung davon, wie leicht sie hier das Haupt des Feindes hätten niederschlagen können, und so gelangte Titus unangefochten hindurch.

„Hier ist es", sagte Nikanor, „wo Gott von unserem Volke als Richter erwartet wird; denn einer unsrer Propheten spricht, daß Gott alle Heiden in das Thal Josaphat hinabführen und daselbst wegen seines Volkes Israel mit ihnen rechten werde."

Simri aber unterließ nicht, während sie den Bach Kidron entlang ritten, hinzuweisen auf den Gipfel des gewaltigen Ölbergs, wo jetzt allenthalben die Standarten der 10. Legion in den Lüften flatterten, von welchem unser Heiland in den Wolken des Himmels aufgefahren sei, um sich als König aller Könige zur Rechten der Majestät in der Höhe zu setzen; auf den Garten Gethsemane am Fuße des Ölbergs, wo er in unaussprechlichem Seelenschmerze blutigen Schweiß geschwitzt und sein eigener Jünger Judas ihn mit einem Kusse in die Hände seiner Mörder verraten habe; auf die Brücke über den Bach, die sein heiliger Fuß so oft betreten; auf das Thor am Nordende des Tempelplatzes, durch welches er, auf einem Esel reitend, seinen königlichen Einzug

Die Zerstörung Jerusalems.

in Jerusalem gehalten habe. Der Römer lächelte nur über die Begeisterung des Christen und ließ seine Falkenblicke über die Mauer, über die darüber emporblitzenden goldenen Zinnen des Tempels — denn die wolkenlose Vormittagssonne goß jetzt ihre Strahlen darauf —, über das weit und breit berühmte goldene Thor mit seinen Bogengängen, deren korinthische Säulen in der Sonne goldig schimmerten, kurz, über alles, das nur der Beachtung wert war, fliegen, ruhen, wandern.

Als sie an den Teich Bethesda kamen, der an der Nordostecke des Tempelplatzes unmittelbar an der Mauer lag, wies Simri auf seine fünf Säulenhallen hin und erzählte kurz, wie unser Heiland hier den armen Menschen, der achtunddreißig Jahre lang krank gelegen, durch sein allmächtiges Wort geheilt habe. Sie ritten weiter und bogen dann nach Westen die Nordmauer entlang, die ihnen schon bekannt war. Durch alles Gesehene war Titus mit einer solchen Bewunderung für die Herrlichkeit Jerusalems erfüllt worden, daß er, als wieder etliche Juden auf der Mauer erschienen, seinen Begleitern in tiefer Bewegung zurief:

„Geht und bietet ihnen Frieden an, wenn sie sich ergeben wollen!"

Nikanor, Simri und Josephus spornten sofort ihre Rosse in die Nähe der Mauer und thaten ihren Landsleuten mit tiefgefühlten Worten das Anerbieten des Römers kund. Die einzige Antwort, welche sie darauf erhielten, war ein Pfeil, der von der Mauer herniederflog und Simri in die linke Schulter traf, jedoch ihn nur leicht verletzte. Sie kehrten unverrichteter Dinge zurück.

Jetzt machte sich Titus mit allem Nachdruck daran, die

Mauern der Stadt regelrecht zu bestürmen. Er beschloß, auf der Nordwestseite den Angriff zu machen, weil er jetzt erkannt hatte, daß hier die Befestigungen am schwächsten waren. Die Waffe, die er hierbei vorzüglich in Anwendung bringen mußte, waren die Sturmböcke. Ein Sturmbock war ein ungeheurer, wagerecht schwebender Baum mit dem Kopfe eines Widders von Eisen. Dieser Baum hing an Stricken oder Ketten und wurde mit aller Macht von Mannschaften, die einander ablösten, gegen die Mauer geschwungen. Doch ehe man hier die Sturmböcke in Bewegung setzen konnte, mußte der Graben, der neben der Mauer hinlief, angefüllt und eine mächtige Erdbank aufgeschüttet werden, um diese Mauerbrecher zu erhöhen, damit man den obern Teil des Festungswalles, wo er am dünnsten war, treffen könne. Das war aber ein Werk von unsäglicher Schwierigkeit, weil die Juden fortwährend von der Mauer herunter wütend dagegen ankämpften. Die römischen Arbeiter mußten mit Gatterdächern, die man zum Schutze wider Feuer mit nassen Fellen überzog, beschirmt werden. Als die Sturmböcke endlich ihre Arbeit beginnen konnten, ließen die Juden Sandsäcke von der Mauer hernieder, um ihre Stöße abzuschwächen, und wälzten Felsblöcke herab, die den Sturmböcken die Köpfe abschlugen. Dagegen ließ Titus außerhalb Schußweite einen hölzernen Turm fünfundsiebzig Fuß hoch erbauen, seine Seiten mit Eisenplatten, um ihn feuerfest zu machen, belegen und ihn dann auf Rädern nahe an die Mauer heranschieben. Der Turm bestand aus drei Stockwerken, deren jedes mit großen Armbrüsten, Schleuderwerkzeugen und Wurfmaschinen versehen war, welche ganze Schauer von Geschossen aller Art durch die offenen Fenster oder Luken gegen den Feind auf der Mauer

Die Zerstörung Jerusalems.

ausschütteten. Zur Herrichtung all dieser Belagerungs=
werke war jeder Baum in der ganzen Umgegend der Stadt
niedergehauen und herbeigeschafft worden.

Am 22. April begann der Sturm auf die Mauer an
drei verschiedenen Plätzen. Die ganze Stadt geriet durch
den Donner der drei Sturmböcke, die mit ihren eisernen
Stirnen unablässig gegen den Felsenwall fuhren, in großen
Schrecken und alles lief wild durcheinander. Steine, Feuer,
Geschosse, siedendes Öl, alles was nicht nagelfest war, wurde
auf die Belagerer herabgeschleudert, gewälzt, gegossen.
Man machte wiederholt plötzliche Ausfälle und suchte die
Belagerungswerke in Brand zu stecken, und einmal wäre es
fast gelungen. Doch Titus war immer mit seinen Reitern
am Platze, wo es galt, und stellte oft die wankenden Reihen
wieder her.

An der Westseite des Herodespalastes, nahe dem Da=
vidsturme, befand sich eine geheime Pforte. Simon ließ zu
einer Stunde, da er sah, daß die Römer nicht sonderlich
wachsam waren, eine Abteilung seiner Krieger unter Anfüh=
rung Nathans unbemerkt durch diese Pforte hinausschleichen.
Sie warfen sich mit der Schnelle und Gewalt des Sturm=
windes auf die Feinde und jagten sie vor sich her, wobei
Nathan sich durch große Verwegenheit auszeichnete. Die
schwarzen ägyptischen Hülfstruppen des Titus aber hielten
unerwartet stand, er selbst eilte mit seinen Reitern herbei
und die Juden wurden in die Stadt zurückgeworfen. Nur
ein Mann wurde gefangen genommen, Nathan. Titus ließ
ihn zum abschreckenden Beispiel an einer erhöhten Stelle,
wo jedermann von den Mauern, Thürmen und Dächern der
Stadt ihn sehen konnte, ans Kreuz schlagen, wo er viele

Stunden hing, bis er unter großen Qualen seinen Geist aufgab.

Sein Weib Maria erfuhr das Schreckliche sofort. Sie hatte sich, seitdem wir sie im Anfang unserer Erzählung kennen lernten, in vielen Stücken, doch nicht zum Besseren, sehr verändert. Ihr Reichtum war nämlich in den zwei letzten Jahren mächtig gewachsen und infolgedessen war sie üppig, weichlich und weit stolzer, als sie schon vorher war, geworden. Goldene Ringe blitzten an ihren Ohren und eine Halskette von Edelsteinen hing bis auf den prächtig gestickten Gürtel herab, mit Amuletten und Riechfläschchen besetzt. Auch Armbänder trug sie von demselben kostbaren Metall und Fußspangen mit Schrittkettchen verbunden, mit denen sie beim Gehen klirrte und zierlich einhertrippelte. Nicht einmal mehr im Hause nahm sie ihre Sandalen von den Füßen, was nach den Sitten der Zeit als ein Zeichen großer Verzärtelung galt, und die einzige Arbeit, wozu sie sich außer Essen, Trinken und Schlafen noch hergab, war, mit ihrem Söhnchen zu tändeln.

Und damit war sie eben jetzt beschäftigt. Doch hatte ihr Charakter noch keineswegs alle Kraft verloren. Denn als sie jetzt die grausame Todesnachricht erhielt — Thamar war ausgegangen, ihren Vater zu suchen — sagte sie:

„Nathan, mein Herzensgatte, du legst dein Leben nieder für Gott und sein Volk, fahre wohl! Thränen, ins Herz zurück!" Sie preßte die zitternde Rechte auf ihren Busen, als wollte sie die Zähren zurückzwingen. „Nathan, lebe wohl! Dein Tod wird die Rache Gottes über die Heiden aufwecken. O, wann wirst du erscheinen, Sohn Davids, Israel zum Siege zu führen? Ach, daß die Hülfe aus Zion über Israel käme und Jehovah sein gefangen Volk

Die Zerstörung Jerusalems. 69

erlöste, so würde Jakob fröhlich sein und Israel sich freuen!"
Und ihre Augen blieben trocken. Sie schnürte ihre Sanda=
len los, um aus Trauer um den Erschlagenen hinfort bar=
fuß zu gehen, riß ihre sämtlichen Schmucksachen ab und
warf sie verächtlich beiseite. „Nathanael!" rief sie dann,
ihr Söhnlein an ihre Brust drückend, „du hast keinen Va=
ter mehr, aber du hast noch eine Mutter! Werde wie dein
Vater und laß einmal dein Leben für die deinen, so wirst
du ein Held sein vor dem Herrn!" Sie herzte und küßte
ihn, aber ihre Augen blieben trocken.

Am 6. Mai wurde Bresche gebrochen und die erste
Mauer erstürmt, und die Juden flohen mit Entsetzen
hinter die zweite Mauer und schon am 11. Mai wurde
auch diese durchbrochen. Titus drang ein. Die armen
und geringen Leute dieses Stadtteils hätten gern Frie=
den gesucht. Der Sieger gebot seinen Leuten, niemand
zu töten, der nicht Waffen trage, und die Häuser nicht zu
zerstören, und versuchte, den Friedliebenden ihr Eigentum
zu sichern. Die Zeloten aber legten das als Schwachheit
aus, drohten deshalb mit dem Tode einem jeden, der sich
den Römern ergeben wolle, und machten auf die Eingedrun=
genen einen wütenden Angriff. Da die Straßen so eng
und krumm waren und man die Öffnung in der zweiten
Mauer zu klein gelassen hatte, so konnten die Römer nur
langsam zurückweichen und erlitten eine arge Niederlage.
Drei Tage lang hielt Simon gegen verzweifelten Ansturm
die zweite Mauer. Allein schon am 14. Mai waren die Ju=
den erschöpft und Titus wurde abermals Herr dieser Mauer,
von welcher er jetzt ein langes Stück niederreißen ließ.

Jetzt, da so viel errungen und zugleich der Zahltag ge=
kommen war, gewährte Titus seinen Truppen in ihrer auf=

reibenden Arbeit eine Pause. Er benutzte dieselbe, den Juden einen Schrecken vor seiner Macht einzuflößen.

Das ganze Heer musste die Waffen putzen, in voller Uniform erscheinen und an dem erhöhten Sitze, von wo aus sie ihren Sold empfingen und Titus sie musterte, in endloser Prozession vorüberziehen. Zuerst kamen nacheinander die Legionen mit ihren Helmen und Federbüschen und eisernen Brustpanzern, einen Speer in der Rechten und einen Schild in der Linken, mit einem langen Schwerte an der einen und einem Dolch an der andern Hüfte. Dann zogen die Hülfstruppen einher, einige mit römischer Bewaffnung, andere mit langen Bogen und Köchern voller Pfeile und wieder andere mit ihren Schleudern und Ledertaschen voller Bleikugeln. Endlich prangten die Reiter daher, jeder mit der Lanze in der Hand und sein schöngeschmücktes Kriegsross am Zügel leitend. Vier Tage lang zog dieser lebendige, bunte Strom am Throne des verehrten Feldherrn vorüber. Die Burg Antonia, die Nordseite des Tempels, die Nordmauer von Zion und alle Dächer der Stadt waren mit Zuschauern bedeckt, die mit klopfendem Herzen und angehaltenem Atem dastanden. Die ganze Parade verlief in vollkommener Ordnung und Ruhe.

Siebentes Kapitel.

Letzte Friedensanbietung.

Unterdessen stieg die Not Thamars von Tag zu Tag. Als sie so vor dem unwiderstehlichen Römer die erste und bald darauf gar die zweite Mauer fallen sah, da kam ihr bisheriger Glaube, dass der Gott ihrer Väter mit ihnen sei und unmöglich sein auserwähltes Volk dem heidnischen

Die Zerstörung Jerusalems.

Adler preisgeben könne, stark ins Wanken und ihrem Herzen wurde bange. Der alte Amarja, an dem sie sich die letzte Zeit oft aufgerichtet hatte, schien bereits in sich zusammen= gebrochen und sich nach Frieden mit den Römern zu sehnen, obwohl sein Mund aus Furcht vor den Spionen Simons verschlossen blieb. Maria schien seit der Kreuzigung Nathans die ganze Welt zu vergessen und nur noch von dem einen Gedanken an Rache wider die Mörder ihres Gatten beseelt zu sein. Und ihres Vaters Geist verirrte sich immer weiter. Er trieb sich ruhelos in allen Gassen und Winkeln der Oberstadt umher, in Schwermut und Tiefsinn schwei= gend, oder wunderliche, tolle Reden an den Pöbel haltend, die zeigten, wie sehr er mit Gott und der Welt zerfallen war. Dazu peinigten ihr Herz hundert ängstliche Fragen von wegen der rätselhaften Erscheinung Simris, den Zilla beim Teiche Siloah gesehen haben wollte.

Der letzte Tag der großen Parade des Titus war ein Sabbath. Thamar begab sich nach der nächsten Synogoge — denn zum Tempel konnte sie jetzt nicht kommen —, um für ihre umnachtete und wunde Seele Licht und Trost zu suchen. Jerusalem hatte um diese Zeit mehrere hundert größere und kleinere Judenschulen, worin die verschiedenen Sekten des Judentums, die Pharisäer, Sabbuzäer und Esse= ner, die Libertiner und Cyrener und Alexanderer, und die aus Cilizien und Asien waren, alle ihre Sondermeinungen verfolgten und zum größten Teil leeres Stroh droschen. Als Thamar ankam, war die erste Schule schon zum Er= drücken voll, selbst Thüren und Fenster saßen, lagen und hin= gen voller Menschen. Bei der zweiten fand sie es ebenso. Erst bei der dritten gelang es ihr, einzubringen und ein be= scheidenes Plätzchen auf der Weiberseite, die von der der

Männer durch eine Gitterwand geschieden war, zu finden, wo sie stehen konnte. In der Mitte des Saales stand das Lesepult, die Sitze an den Wänden rings umher. Die Pharisäer und Schriftgelehrten und Ältesten des Volks traten jetzt herein, indem sie beim Eintritt ihren viereckigen Überwurf wie einen Schleier um Haupt und Schulter schlangen, und nahmen die vornehmsten Plätze ein. Der Vorleser oder Engel, wie er genannt wurde, stellte sich hinter das Pult und begann den Gottesdienst mit dem Hersagen einer langen Reihe von Gebeten. Dann reichte ihm schweigend und feierlich der sogenannte Diener die heiligen Rollen oder Schriften aus dem sorgfältig verschlossenen Schranke, der in der Wand, die dem Tempel am nächsten war, eingemauert lag. Der Engel rollte zuerst die Fünf Bücher Mosis auf und las daraus einen Abschnitt vor. Dann warf er die Schriften der Propheten herum und verlas das letzte Kapitel aus dem Propheten Maleachi und hielt endlich über die letztere Stelle eine Ansprache, die anfangs eine Auslegung derselben sein sollte, aber bald in eine wahre Brandrede voll wütenden Hasses gegen die Römer auslief. Die Versammelten saßen zuerst ruhig und aufmerksam um ihn her; je heißer aber die Rede wurde, desto mehr kamen die Leidenschaften in Wallung. Manche riefen ihren Beifall dazu, andere stampften mit den Füßen und klatschten mit den Händen oder sprangen bei besonderen Kraftstellen begeistert in die Höhe; viele waren auch anderer Meinung, worfen dem Redner Spottnamen und Schimpfwörter an den Kopf und begannen untereinander heftig zu zanken, ja sich zu schlagen und raufen. Der Redner jedoch hörte klugerweise noch beizeiten auf, rollte die Schriften zusammen und händigte sie dem Diener ein, der sie im wohlverwahrten Schranke wieder

Die Zerstörung Jerusalems. 73

verschloß. Jetzt forderte der Engel, wie es Gewohnheit war, die Versammelten auf — denn der drohende Sturm schien sich wieder zu legen —, wenn noch jemand da sei, der ein Wort der Belehrung und Ermahnung zu sagen habe, so möge er hervortreten. Alsbald erhob sich ein Mann und drängte sich durch die dichten Reihen nach dem Lesepulte. Thamars Wangen wurden bleich, es war ihr Vater, den sie bis dahin in der Versammlung nicht bemerkt hatte. Zwar hatte sie ihn in solchen Versammlungen schon öfters reden hören, allein bei seinem jetzigen Zustande ahnte ihr nichts Gutes. Nur nach einiger Zögerung überließ der Vorleser ihm seinen Platz. Eleazar begann sofort: „Ihr Söhne Abrahams, höret auf die Rede meines Mundes, so werden eure Seelen im Guten fett werden! Nehmet zu Ohren, was von meinen Lippen trieft, so werdet ihr eure Lust sehen an euren Feinden!" Das Volk wurde still und fing an, dem neuen Redner zu lauschen. „Höret! höret! höret!" rief er und seine Stimme bebte vor Erregung. „Ihr Söhne und Töchter von Israel, euch soll aufgehen die Sonne der Gerechtigkeit und Heil unter desselbigen Flügeln. Ihr sollt aus und ein gehen und zunehmen wie die Mastkälber. Ihr werdet die Gottlosen zertreten und die Römer sollen Asche unter euren Füßen werden. Siehe, Jehovah wird euch senden den Propheten Elias, ehe benn da komme der große und schreckliche Tag des Herrn, da er richten wird über die Unbeschnittenen, die eure Mauern jetzt umstürmen. Ich bin Elias!" Die letzten drei Worte schrie er mit Löwenstimme in die erstaunte Menge hinein. Thamar zitterte am ganzen Leibe. Gern wäre sie hinzugesprungen und hätte ihren rasenden Vater am Arm ergriffen und hinweggeführt, wenn sie gedurft und gekonnt hätte. „Ja, ich bin Elias!"

fuhr der Halbirrsinnige fort. "Ich bin der Vorläufer des Messias; ich bereite ihm den Weg und mache seine Steige richtig. Der Gesalbte des Herrn kommt und wird sein Volk erretten und die Heiden in Staub zerschmeißen. Die Zeit ist gekommen, die Stunde ist hier. Er ist nahe, er kommt, er kommt, er kommt! Machet euch auf, ihn zu empfangen; folgt seinem Vorboten! Mir nach, mir nach!"

Immer unsinniger und leidenschaftlicher wurde das Geschrei des selbstgesandten neuen Propheten. Die Aufregung und der Tumult in der Versammlung brach aufs neue aus und wuchs in wenigen Minuten zu solcher Höhe, daß Blutvergießen unvermeidlich zu sein schien.

"Wer ist dieser Lotterbube?" — "Das ist ja Eleazar, der vor Johannes so jämmerlich gepurzelt ist." — "Und der am Sabbath seinen Eid gebrochen und die wehrlosen Römer niedergemetzelt hat." — "Daran hat er recht gethan." — "Pfui, Schande!" — "Was will er? was für ein Geist regiert ihn?" — "Laßt uns ihn weiter hören?" — "Vorbote des Messias!" — "Folgt ihm! folgt ihm!" — "Nieder mit dem Betrüger!" — So flogen die Fragen, Antworten und Drohungen wild durcheinander. Ein Dutzend Hände griffen nach ihm und zerrten ihn in dichtem Gedränge unter Schimpfen, Stößen und Fußtritten bis vor die Thür hinaus, wo ein derber Faustschlag ihn zu Boden streckte. Kaum lag er auf dem Steinpflaster da, als eine bebende Frauengestalt sich neben ihm nieder warf und schützend über ihn beugte, indem ihr weinendes Angesicht zu den tobenden Raufbolden flehend emporschaute. Es war Thamar. "Um Gotteswillen!" bat sie, "schont meines armen kranken Vaters."

Das plötzliche Erscheinen der Jungfrau, ihre hin=

Die Zerstörung Jerusalems.

reißende Schönheit, ihre überraschende Kühnheit, ihre herzergreifenden Bittworte, das alles lähmte die erhobenen Fäuste. Einige der schlimmsten Mordbrenner zogen sich einer nach dem andern brummend zurück und einige andere Männer, die der Rede Eleazars Beifall gegeben hatten oder ihn weiter hören wollten, drängten sich herzu und halfen Thamar ihren Vater zur Besinnung zurückbringen und aufrichten. Als er sich einigermaßen erholt, führte sie ihn mit Hülfe zweier handfester Männer nach Hause und pflegte sein. Sie hatte an diesem Sabbath nicht viel Licht und Trost in der Synagoge gefunden.

Eleazar erholte sich bald wieder von der rohen Behandlung, die ihm widerfahren war, und obwohl Thamar, wie auch Maria und beide Mägde, dazu der greise Amarja alle Mittel, die sie nur erdenken konnten, anwandten, um ihn im Hause oder doch in der Stille bei sich zu behalten, so war es doch nicht möglich, ihn zu bändigen. Er riß sich von allen Seinigen los und wanderte wieder ziellos in der Oberstadt umher, Reden haltend auf allen Gassen und Marktplätzen, wo er einige Zuhörer zusammenscharen konnte. Hören wir ihm ein wenig zu.

„Ihr Männer von Israel! Ihr Helden von Jakob!" rief er unter die Weiber, Kinder und Greise — denn alle tauglichen Männer waren jetzt von Simon oder Johannes in den Dienst gepreßt — auf dem Markte hinein. „Merket was euch der Prophet Gottes Elias zu sagen hat. Seid nicht ungehorsam dem Wort, das euch der Vorläufer des Messias bringt!" Als Gott, der Heilige in Israel, die Welt erschaffen, streckte er seine Hand unter den Thron seiner Herrlichkeit und führte die Seele des Messias hervor und sprach zu ihm: Willst du geschaffen werden, um meine Kinder nach 6000 Jahren zu erlösen? Da antwortete der Messias: Ich will es. Der Heilige sagte: Die Gerechten sollen leben, wenn du kommst. Der Messias sprach: Es sei dein Wille, daß alle leben, selbst die Frühgeborenen. Wie der Prophet sagt: Isaschar ist ein knöcherner Esel. Heil euch, die ihr säet an den Gewässern. Ach, ihr Durstigen alle, kommt zum Wasser; denn er bindet an die Edelrebe seiner Eselin Sohn. Der König Messias wird vom Aufgang der Sonne kommen. Er wird höher emporkommen als Abraham, von dem geschrieben steht: Ich erhebe meine Hand zum Herrn. Er wird sich höher erheben als Moses, der an der Seite des Paradieses wohnt, von dem geschrieben steht: Du sagst zu mir: Erhebe es an deinen Busen. Und er wird höher sein, als die bienenden Engel; denn es ist gesagt, ihre Flügel waren hoch. Kein Volk und keine Zunge wird ihm standhalten können; denn es heißt: Die Feinde sollen ihn nicht drängen und die Ungerechten nicht unterdrücken. Alle seine Feinde werden sich vor ihm fürchten und zurückweichen; denn es heißt: Ich werde seine Widersacher zerschmettern. Selbst die Ströme werden sich vor ihm in das Meer ergießen, wie es heißt: Ich lege ans Meer seine Hand und seine Rechte an die Ströme. Wenn die Kinder Judas es würdig sind, wird der Messias in den Wolken des Himmel kommen; wenn sie es nicht würdig sind, wird er arm und auf einem Esel reitend kommen, der hundert Farben hat. Ich werde für würdig gehalten werden, im Schatten seines Esels zu sitzen. Er wird das Schwert in unsrer Hand wetzen und zu Feuerflammen machen, daß es die Feinde fresse und ihr Blut saufe und nicht satt werde!"

So fuhr der arme Mann wochenlang fort, mit steigender Selbsttäuschung zu schwärmen zum herben Schmerze

Die Zerstörung Jerusalems.

Thamars. Und wie es keinen Unsinn giebt, der toll genug wäre, daß er keine Anhänger fände, so währte es auch hier nicht lange, bis ein bunter Haufe von allerlei Gesindel begann, sich an Eleazar zu hängen, ihm zuzujauchzen, ihm nachzufolgen und ihn als das zu verehren, wofür er sich ausgab.

Nach einem vergeblichen Angriff auf die unbezwinglichen Mauern und Türme der Oberstadt, wandte Titus sich jetzt gegen die Burg Antonia. Er ließ den Juden jetzt durch Josephus und Simri zum letztenmal Frieden anbieten. Diese Gesandten stellten ihnen die Thorheit und Gottlosigkeit eines längeren Widerstandes vor und ermahnten sie mit bewegten Worten, ja mit Thränen in den Augen, sich zu ergeben, da die Römer offenbar von Gott die Herrschaft des Erdkreises überkommen hätten. Ergäben sie sich nicht, so würden römische Waffen und der Hunger sie bezwingen. Auch erinnerte Simri die Belagerten daran, daß ihre Vorfahren nicht sowohl durch Waffen, als vielmehr durch Gottes Beistand so oft siegreich gewesen, sie aber könnten bei ihren Schandthaten und Greueln nimmermehr auf Gottes Beistand rechnen. Einige Juden verspotteten die Boten des Friedens, andere verfluchten sie, noch andere schossen nach ihnen und so wurde die letzte Anerbietung des Friedens in wahnsinnigem Trotze verhöhnt und verworfen. Das gemeine Volk in der Stadt aber hätte gern, wären nicht Simon und Johannes unerbittlich gewesen, den Römern die Thore geöffnet. Denn der Hunger, auf den jene hingewiesen, hatte wirklich schon sein entsetzliches Schlangenhaupt in der bejammernswerten Stadt erhoben. Da die brudermörderischen Parteien auch ungeheure Massen von Vorräten aller Art hatten in Rauch aufgehen lassen und es jetzt in

Jerusalem wie in einem Bienenkorbe von Menschen wimmelte, so grinste bald Hunderten und Tausenden von Familien dieses schreckenerregende Gespenst ins Angesicht. Auf den Märkten war schon seit geraumer Zeit nichts mehr zu haben. Wer noch Vorräte im Keller oder Stalle hatte, konnte, wenn er sie verkaufen wollte, den fünf= und zehnfachen Preis dafür bekommen, und wer sie behalten wollte, mußte sie hinter Schloß und Riegel bringen. Denn hungrige Banden zogen bereits in der Stadt umher, drangen in die Häuser, peinigten die Bewohner und raubten, was sie rauben konnten. Alle Scheu vor Gott und Menschen, alle Liebe zum eigenen Fleisch und Blut wich. Vater und Mutter rissen den Kindern, die Kinder den Eltern die Speise vom Munde weg. Da war keine Achtung mehr vor dem grauen Haupte, kein Mitleid mit den jungen Kindern. In der Pein des Heißhungers wagten es viele, sich bei Nacht aus den Thoren zu schleichen und nach Lebensmitteln zu suchen. Manche fingen auch ein verlaufenes Pferd der Römer auf, führten es in die Stadt und schlachteten es sich und den Ihrigen zur Speise, wenn es ihnen nämlich nicht schon wieder geraubt wurde, ehe sie nur zum Essen kamen. Die meisten aber fielen den Römern in die Hände und Titus ließ sie im Angesicht der Juden auf der Mauer geißeln und aufrecht, oder mit dem Kopfe nach unten oder seitwegs und in allen erdenklichen Stellungen kreuzigen, manchmal 500 und darüber an einem Tage, so daß es zuletzt an Holz und Raum zu den Kreuzen gebrach.

Ende Mai waren die Erdwälle gegen die westliche Mauer der Burg Antonia fertig und die Sturmböcke begannen ihre Arbeit. Da erhob sich plötzlich ein unterirdisches Rollen und Poltern und Donnern, ein betäubender Krach erfolgte, und der eine Erdwall mit allem, was darauf war, sank in die Tiefe. Wolken von Staub, Schwefelrauch wie aus der Hölle und prasselnde Flammen hüllten Männer, Sturmböcke und alles ein und eine wilde Feuersbrunst verzehrte in kurzer Zeit unwiderstehlich die mühsam errichteten Belagerungswerke.

Johannes nämlich hatte vom Tempelvorhof aus bis unter diesen Wall eine Mine gelegt, hier eine große Höhle ausgegraben und dann das ganze Gewölbe mit Pech und Schwefel und leicht entzündlichem Brennstoff angefüllt. Als nun die Stöße der Mauerbrecher anfingen zu erdröhnen, gab Johannes das Zeichen zum Anzünden, und sein Plan gelang nach Wunsch. Während die Römer vor der plötzlichen Verwüstung noch entsetzt und verwirrt dastanden, machten einige Wagehälse, Joram an der Spitze, einen Ausfall von der Oberstadt her, Feuerbrände schwingend, und steckten im Nu auch die anderen Belagerungswerke in Brand, worauf Titus die Verwegenen in die Stadt zurückwarf.

Jetzt hielt der Feldherr der Römer einen Kriegsrat und es wurde beschlossen, eine Einschließungsmauer um die ganze Stadt aufzuwerfen. Sofort ging man ans Werk. Die ganze römische Armee mußte an die Arbeit und in drei Tagen war das riesige Unternehmen zum Entsetzen der Juden ausgeführt. Dadurch wurde die Weissagung unseres Heilandes buchstäblich erfüllt. Jetzt konnten die Juden sich nicht mehr nachts hinausstehlen, Lebensmittel zu suchen, und die Hungersnot stieg bald bis zu einem unerhörten Grade. Gleichwohl fuhren Simon und Johannes, die sich und ihre Leute noch längere Zeit, wenn auch sehr kärglich, mit den Vorräten des Tempels erhalten konnten, in ihrem verbissenen Trotze fort. Alle Stadtthore wurden aufs äußerste bewacht und alle die, welche zu den Römern fliehen wollten, unmenschlich gemartert. Dennoch wurde die Zahl der Flüchtigen von Tage zu Tage größer. Manche gaben vor, einen Ausfall machen zu wollen, erhoben ein Kriegsgeschrei, schwangen ihre Schwerter und gingen dann zum Feinde über. Andere sprangen mit Gefahr ihres Lebens von den Mauern hinunter. Kamen sie dann zu den Römern, so aßen sie zu gierig und gaben bald unter entsetzlichen Krämpfen den Geist auf oder barsten auseinander. Viele verschluckten erst ihr Gold, um es nicht den habsüchtigen Heiden ausliefern zu müssen. Das erfuhr der römische Soldatenpöbel und schlitzte in einer Nacht 2000 flüchtigen Juden die Bäuche auf in der Hoffnung, bei allen Gold zu finden. Titus aber machte diesem Greuel, sobald er davon hörte, mit Nachdruck ein Ende.

Anfangs Juni begann Titus einen neuen Erdwall gegen die Westmauer der Burg aufzuwerfen. Johannes errichtete unterdessen hinter der ersten Mauer eine zweite, weil er sich nicht verhehlte, daß er mit seinen durch den Hunger schon sehr geschwächten Kriegern die erste nicht werde halten können. Als dann die erste vor den römischen Sturmböcken fiel, standen die Feinde entmutigt vor der zweiten. Der Schutt der ersten diente aber jetzt dazu, die zweite zu ersteigen. Ein Fahnenträger, ein Trompeter und achtzehn andere wagten um drei Uhr nachts einen Überfall ohne Wissen ihrer Befehlshaber. Alles war totenstill, die Nacht stockfinster und die Luft nach Mitternacht stark abgekühlt, so daß jedermann in tiefem Schlafe lag. Sie krochen leise auf die Mauer, fanden die Wache schlafend, machten sie augenblicklich kalt und der Trompeter blies Sturm.

Die Zerstörung Jerusalems.

Die Juden fuhren aus dem Schlafe auf und flohen kopflos in der Meinung, das ganze Römerheer sei auf der Mauer, von der Burg nach dem Tempel. Titus eilte herbei und warf, als er seinen Vorteil erkannte, seine Truppen in die verlassene Burg, teils über die Mauer, teils durch den unterirdischen Gang, den Johannes gemacht. Die Römer verfolgten die fliehenden Juden zwischen den zwei Säulenhallen hin, welche die Festung mit dem Tempel verbanden, um bis ins innere des Tempels vorzudringen. Im Vorhof des Tempels aber entstand, da jetzt Simon mit seinen wilden Kriegern ebenfalls herbeieilte, ein mörderisches Handgemenge. Die vordersten Römer wollten vor der verzweifelten Wut der Juden weichen, wurden aber durch die hinten nachrückenden Massen vorwärts geschoben. Wie ein empörtes Meer wogte die kämpfende Menge hin und her; das Triumphgeschrei der Siegenden vermengte sich mit dem Ächzen und Stöhnen der Verwundeten und Sterbenden; viele wurden erschlagen, andere tot getreten; der ganze Vorhof lag voll übereinander geworfener Leichname. Nach zehnstündigem Kampfe siegten die Juden, die Römer wichen zurück. Da sprang Julian, ein berühmter Offizier, von der Seite des Feldherrn vorwärts und erneuerte die Schlacht. Die Römer, in der Meinung, einer ihrer Götter sei erschienen und helfe, folgten ermutigt und das blutige Gemetzel begann erbarmungsloser als zuvor. Dem vordersten Römer aber, der seinen Genossen wie ein erschienener Gott vorkam, warf sich ein ebenso tapferer Jude entgegen. Es war der jugendliche Dichter und Sänger Joram. Er machte einen so stürmischen Angriff auf den vorwärts bringenden Julian, daß derselbe zurückprallte, mit seinen eisenbeschlagenen Schuhen auf dem polierten Marmorpflaster ausglitt und rücklings zu Boden stürzte. Joram warf sich auf ihn. Der Gefallene aber zog mit aller Macht seinen Hals ein, so daß Helm und Brustpanzer sich zusammenschlossen, und nun konnten Joram und andere, die ihm wider die herbeieilenden Feinde zu Hülfe sprangen, ihm erst nichts anhaben, obwohl sie seine unteren Gliedmaßen in Stücke zerhieben. Der Römer wehrte sich, als schon sein Blut in Strömen von ihm floß, immer noch mit seinem Schwerte. Mit äußerster Anstrengung raffte er sich auf zu einem letzten Stoße. Er traf Joram in die Kehle und beide sanken röchelnd nebeneinander nieder. Die Juden, die wie Tiger stritten, schlugen die Römer jetzt zurück, trieben sie aus dem Tempelvorhof bis auf den letzten Mann und schlossen dann die Thore.

Achtes Kapitel.

Ist er's oder ist er's nicht?

Alle diese Ereignisse beobachtete und verfolgte Thamar mit äußerster Aufmerksamkeit; denn bei ihr handelte es sich nicht bloß um das Schicksal ihrer Vaterstadt, ihres Volkes, sondern es erhob sich in ihrem Herzen unwillkürlich immer wieder zugleich die Frage: Sind diese Vorfälle eine Ausführung der Drohungen Gottes für den Abfall des Volkes und eine Erfüllung der Weissagungen Jesu von Nazareth, oder sind sie es nicht? Und die Entscheidung dieser Frage mußte für sie ein Großes beitragen zur Entscheidung der großen Hauptfrage: Ist Jesus von Nazareth der verheißene Messias, oder sollen wir eines anderen warten? Die Dinge schienen ihr zur großen Beängstigung ihres Herzens immer mehr eine Gestalt anzunehmen, die mit Donnerstimme ver=

kündigte, daß sich das Wort des Gekreuzigten über das verstockte Jerusalem vor allen Augen thatsächlich erfülle und eben dadurch als göttliche Wahrheit erweise, mithin Jesum als das erweise, wofür er sich ausgegeben.

Man könnte denken, Thamar hätte aus der Weissagung vom Weibessamen, welcher der Schlange den Kopf zertreten, aber von dieser in die Ferse solle gestochen werden, sowie aus vielen Psalmen und Stellen der Propheten, die von dem Leiden des zukünftigen Messias reden und noch vor hundert und zweihundert Jahren in den Schulen der Juden wirklich von dem Messias verstanden und ausgelegt wurden, auf das bestimmteste wissen können und sollen, daß der geweissagte Heiland in der That leiden und sterben solle und werde, und hätte sich deshalb an dem Kreuzestode Jesu von Nazareth nicht so ärgern dürfen. Allein, man muß wissen, daß dieses Verständnis der prophetischen Aussprüche in den letzten Zeiten immer mehr in den Hintergrund gedrängt und verdunkelt und dafür die Weissagung von dem Messias als dem großen, herrlichen, siegreichen Könige fast ausschließlich hervorgehoben worden war, so daß man allmählich dahin kam, in dem verheißenen Heiland fast nichts weiter zu erwarten, als einen Wiederbringer der verlorenen Macht und Herrlichkeit des Volkes Gottes über die Heidenvölker. Und dies hatte wieder seinen tieferen Grund darin, daß die Erkenntnis des eigenen sündlichen Verderbens, das geistliche Verständnis des göttlichen Gesetzes und darum auch das Bedürfnis nach Erlösung fast ganz abhanden gekommen war. Der Sinn des Volkes war aufs Irdische gerichtet, das Herz gebläht mit mehr oder weniger ausschweifenden Hoffnungen auf weltliche Macht, Ehre und Freude.

Und recht eigentlich in diesem Geiste war Thamar von

Jugend auf durch ihren Vater und ihre ganze Umgebung erzogen worden, und in ihrer Kindeseinfalt hielt sie für göttliche Wahrheit, was ihr von denen, die das Amt dazu hatten, über Gott und göttliche Dinge war gelehrt worden. Etwas anderes bekam sie nie zu hören, da sie aufs strengste angehalten wurde, von der Gemeinde der Christen in Jerusalem mit Verachtung und Abscheu ferne zu bleiben. Dazu war sie von tiefem, feurigem und starkem Gemüt und was sie ergriff, das ergriff sie mit ganzer Seele. Was Wunder also, daß sie am väterlichen Glauben so fest hing. Sie konnte denselben, wollte sie nicht der Verzweiflung oder der Gottesleugnung anheim fallen, gar nicht aufgeben, bevor sie von der göttlichen Wahrheit der neuen Religion, des Christentums, völlig überzeugt und durchdrungen war, und sie hatte recht, wenn sie zu Simri bei ihrer letzten Unterredung sagte, erst müsse das Gebäude ihres Glaubens ganz in Trümmer geschlagen werden, ehe sie eine Christin werden könne. Aber Gott, der sich dieser armen Verführten erbarmen und es dieser Aufrichtigen wollte gelingen lassen, war schon mächtig an der Arbeit, das Gebäude ihres Glaubens, das er selber durch die Erfüllung seiner Verheißung abgethan, in Trümmer zu schlagen. Das wird uns klar werden, wenn wir dem folgenden Gespräch zuhören.

Es war am 14. Juli gegen Abend. Die trockene Hitze, die schon über zwei Monate angehalten, war auch heute fast unerträglich gewesen. Jetzt war die Sonne am Untersinken und die kühleren Lüfte des Abends begannen ihre Flügel zu heben. Das hatte Amarja, dessen Knie durch Hunger und Entbehrung schon sehr wankend geworden waren, benutzt, einen Ausgang zu machen und sich nach dem Stande der Dinge beim Tempel, dessen Schicksal ihm Tag und Nacht

Die Zerstörung Jerusalems.

in Gedanken lag, zu erkundigen. Die Mägde Thamars und Marias hatten sich nach verschiedenen Richtungen zerstreut, um etwas Eßbares zu suchen und Wasser aus dem Hiskiasbrunnen zu holen. Denn alle Vorräte, die Eleazars Kammern, Keller und Stall geborgen, waren teils verzehrt, noch mehr aber geraubt und gestohlen worden, und alle nagten jetzt am Hungertuche.

Thamar und Maria saßen eben allein im Hauptzimmer. Fenster und Thüren standen weit offen, um die Abendkühle durchziehen zu lassen.

„O mein Kind!" rief Maria schmerzlich, indem sie ihrem Söhnlein die letzten getrockneten Feigen zu essen gab. „Wo kommen wir hin? Was wird aus uns?"

„Was Gott und die Römer wollen!" gab Thamar bitter zur Antwort.

„Fluch den Römern!" stieß die ältere Schwester ingrimmig heraus. „Hebe deine Hand gen Himmel, mein Söhnlein," sie ergriff das Händchen und reckte es in die Höhe, „und fluche den Römern! Sie sind die Mörder deines Vaters. Vielleicht hört Gott das Rachegeschrei eines verwaisten unschuldigen Würmleins; denn meines verhallt in der leeren Luft, oder über den Wolken ist alles tot."

„O Maria", bat die Jungfrau beschwichtigend, „zürne Gott nicht. Hat Gott unsern Trotz nicht schon genugsam niedergeschlagen durch den Irrwahn, die unglückselige Einbildung unseres lieben Vaters? Mir steht es noch immer vor Augen, mit welch einem entrüsteten, unheimlichen Blicke er mich gestern anstarrte, als ich ihm mitten unter seinen tausend Anhängern mit Thränen seine Kniee umklammerte und ihn mit aller Macht meiner Seele bat, er solle dies sein gotteslästerliches Treiben aufgeben und mit mir heimkehren.

Und noch zittert mein Herz, wenn ich daran denke, wie seine nächsten Begleiter gleich wilden Tieren ihre Zähne über mich zusammenbissen, als sie merkten, was ich wollte. Der Schutz der allmächtigen Hand Gottes war es, daß ich mit dem Leben entkommen bin. Gott bewahre unsern lieben Vater, wir können nichts mehr!"

„Amen!" sagte Maria. „Was sollten auch wir Verschmachtete noch können? Noch wenige Tage, so werden die Raben des Himmels sich von unsern dürren Knochen ein spärliches Frühstück absuchen."

Thamar schüttelte schweigend ihr reichgelocktes Haupt, das sie nicht mehr so königlich aufgerichtet trug, wie in früheren Tagen, da sie von Hunger und Trauer und Gewissensnot und Seelenangst noch nichts wußte. „Vielleicht sollten wir", hob sie dann mit Schüchternheit und Beklemmung in der Stimme wieder an, „in einem ganz anderen Lichte, als bisher, ansehen, was in diesen Tagen in Jerusalem geschieht. Sind diese Schläge des Verderbens, diese Fluten des Unheils, die über uns kommen, nicht am Ende eine Vollziehung der Drohungen, die Gott durch seinen Knecht Moses über Israel ausgesprochen hat, wenn es von ihm weichen würde? Erfüllen sich am Ende die Weissagungen des gekreuzigten Jesus von Nazareth?"

„Bist du toll?" versetzte die Witwe, deren Augen, vom Hunger schon unnatürlich groß, sich vor Verwunderung noch weiter aufrissen.

„Nein, ich bin nicht toll", sagte Thamar errötend und verlegen. „Ich möchte der Wahrheit auf die Spur kommen. Ist nicht Jerusalem vom Feinde mit einer Belagerungsmauer umzogen, wie Jesus vorausgesagt hat, und ist nicht eine so entsetzliche Zeit über unser Volk hereingebro=

Die Zerstörung Jerusalems.

chen, wie noch nie zuvor? Wie, wenn Gott sein Volk jetzt in seinem Zorne wieder verwürfe, weil es seinen Gesandten verworfen hat? Ich muss bekennen, wenn ich die Sache so ansehe, dann wird mir alles klar."

Maria sah, dass ihre Schwester wirklich ernstliche Zweifel am überlieferten Glauben hegte; in ihrem eigenen Herzen hatte schon die Verzweiflung an demselben Platz gegriffen. Während aber Thamar an Gott und der Wahrheit seines Wortes unbedingt festhielt und darum immer näher zu der Annahme des christlichen Glaubens hingedrängt wurde, war Maria innerlich schon bis zur Leugnung Gottes und seines Wortes, also in entgegengesetzter Richtung, fortgeschritten. Durch Thamars Offenheit gelockt, kam sie jetzt mit ihres Herzens Meinung heraus, indem sie sagte:

„Mir wird auch alles klar, wenn ich unsere Schicksale in einem anderen Lichte ansehe. Es giebt keinen Gott im Himmel und was unsre sogenannten Propheten von ihm orakelt haben, ist Lug und Trug. Darum sind all unsre Opfer und Gebete verloren, und wer die stärkere Faust hat, der hat Gott und den Sieg auf seiner Seite; darum können die Heiden meinen Nathan ungestraft ans Kreuz schlagen und all unser Fluchen und Flehen ruft keinen Donner der Rache wach."

Thamar fuhr entsetzt zurück. „Schwester, Schwester!" rief sie, „wo kommst du hin?"

„Wohin das Verhängnis mich haben will!" war die Antwort.

Thamar barg ihr Angesicht in ihre Hände und weinte bitterlich.

„Was heulst du denn, einfaltiges Ding!" fuhr Maria

fort. „Wir sind genug betrogen worden, laß uns nüchtern werden! Laß dich von dem falschen Propheten aus Nazareth nicht noch mehr am Narrenseile herumführen. Bilde dir doch nicht ein, daß seine sogenannten Weissagungen sich erfüllen. Als unser Vater vor acht- oder neununddreißig Jahren in Nazareth Vorsteher der Schule war, kam eines Sabbaths dieser Jesus in die Synagoge, trat an das Pult und verlangte die heiligen Schriften. Unser Vater, der ihn wohl als den Sohn eines Zimmermanns in Nazareth, nicht aber seine Gesinnung kannte, reichte ihm die Rolle des Propheten Jesaias. Da hatte der Gotteslästerer die Dreistigkeit, eine Stelle des Propheten vorzulesen und vor der ganzen Versammlung mit der größten Kaltblütigkeit zu erklären, diese Weissagung gehe heute vor ihrer aller Augen in Erfüllung. Zuerst waren unser Vater und alle Versammelten wie gelähmt und starr vor Erstaunen über diese unerhörte Vermessenheit. Als er aber hierauf immer kecker wurde und sich als den Messias hinstellte, von dem nicht nur Jesaias, sondern alle heiligen Seher, sogar Moses, geredet hätten, und drohte, daß sie alle sterben und verderben müßten, wenn sie nicht glaubten, daß er es sei, da wurde es ihnen denn doch zu arg, der Vater und viele andere mit ihm ergriffen ihn in heiliger Entrüstung und rissen ihn hinaus, um ihn, wie einem solchen Gotteslästerer gebührt, von einem Felsabhang hinunter zu stürzen. Allein auf eine unerklärliche Weise entging der Zauberer aus ihren Händen. Unserm Vater kam die Geschichte so unheimlich vor, daß er diese Rolle des Propheten Jesaias als Andenken daran lange Jahre sorgfältig aufbewahrt hat. Diese anmaßende Behauptung des Verführers, daß die Vorausverkündigungen des Jesaias in ihm verwirklicht seien, ist

Die Zerstörung Jerusalems.

seitdem spurlos verklungen. Keiner unserer Obersten hat davon etwas entdecken können und kein Mensch glaubt es mehr, ein Beweis, wie bodenlos die Ansprüche dieses Jesus sind."

„Ich erinnere mich", sagte die sichtlich tief erregte Thamar, „daß der Vater vor langen Jahren auch zu mir einmal davon sprach, aber damals ließ mich die Geschichte völlig gleichgültig. Doch jetzt brenne ich vor Verlangen, die Stelle des Propheten zu lesen. Wo hat der Vater diesen Jesaias?"

„Ich weiß nicht", war die Antwort. „Aber du bist und bleibst doch eine Närrin."

Hier trat der alte Amarja wankenden Schrittes in die Thür und bot den beiden Frauen einen Anblick, der sie mit Schrecken erfüllte. Seine Kleider hatte er zerrissen, die geringen Reste seines Haupthaars zerrauft, Asche auf den Scheitel gestreut, sein Angesicht verhüllt und so ging er einher, jammernd und wehklagend, als wollte ihm das Herz brechen.

Thamar sprang sogleich auf, griff ihm mit aller Kraft, die der Hunger ihr noch gelassen, stützend unter den Arm und führte ihn nach einem Sessel, indem sie fragte: „Um Gotteswillen, Großvater, was ist denn geschehen?"

Der Greis konnte kaum genug zu sich selber kommen, um zu antworten. „O, o, o!" stöhnte er. „Wer es hören wird, dem werden die Ohren gellen. Gerechter Gott im Himmel, warum müssen meine alten Augen diese Tage des Wehs und Jammers schauen!"

„Ei, so sage uns doch, was ist denn?" drängte jetzt auch Maria ungeduldig.

„Die Herrlichkeit von Israel ist dahin!" erklärte der

Alte, es nur bruchstückweise hervorbringend vor erneuten Ausbrüchen seines tiefen Herzeleids. „Gott hat seinen Tempel verlassen. Der Herr ist von Jerusalem gewichen!"

„Du erschreckst uns!" sagte Thamar zitternd. „Warum meinst du denn das?"

„So hört denn das Entsetzliche!" fuhr Amarja fort. „Das tägliche Opfer hat heute im Tempel aufgehört und das heilige Feuer ist auf dem Altar erloschen."

Thamar stand sprachlos da. Sie wusste nicht, sollte sie wehklagen oder sich freuen, sollte sie weinen oder lachen. Denn wie ein leuchtender Blitzstrahl zuckte diese Botschaft durch die Nacht des Zweifels und Wirrsals in ihrem Geiste. „Wie?" fragte augenblicklich ihr Herz sich selbst; „ist das nicht ein weiterer Beweis, dass Gott uns verworfen, weil wir seinen Gesalbten verworfen?"

Maria aber sagte mit eisiger Kälte: „Gott ist nicht von uns gewichen, er war nie mit uns."

„O meine Tochter!" ermahnte der Greis mit einer abwehrenden Geberde der Hand und bebender Stimme, „lästere den Heiligen in Israel nicht!" Dann verhüllte er sein Angesicht mit beiden Händen und fing an, bitterlicher zu weinen, als vorher.

Jetzt aber zogen zwei andere Ankömmlinge alle Aufmerksamkeit auf sich. Es waren die beiden Mägde Thamars, Zilla und Eva. Sie waren auf die Suche nach Speise ausgegangen, hatten aber nichts gefunden, und jetzt war Zilla am Verschmachten. Eva führte sie herein, halb leitend, halb tragend, und Thamar eilte sogleich hinzu und half ihre langjährige treue Sklavin vollends hereinbringen und auf das Ruhebett niederlegen. Amarja lehnte sein Haupt betrübt gegen die Wand, so tief in seinen Schmerz versun=

Die Zerstörung Jerusalems. 91

ken, dass er nicht sah noch hörte, was um ihn her vorging. Maria aber nahm Eva, die selber vor Hunger, Anstrengung und Ohnmacht hin und her wankte, mit barschen Worten vor und schalt sie erbarmungslos aus, dass sie nichts zu essen gefunden hatte. Unterdessen kniete Thamar neben Zilla nieder, bettete ihr Haupt weicher und küsste sie auf die bleiche Stirn weinenden Auges, als läge nicht ihre Sklavin, sondern eine liebe Schwester hier am Sterben.

„Liebe, gute Gebieterin! flüsterte die Verhungernde, deren Atem nur noch sehr schwach aus und ein ging, vergieb deiner armen Magd, wo sie dir ungehorsam und untreu gewesen ist."

„Ich vergebe dir alles von Herzen!" schluchzte die Jungfrau; „du bist meine treue Zilla gewesen."

„Kann ich auch zu Gott kommen?" fragte jene weiter.

„Ich hoffe es", sagte Thamar etwas zögernd; „ich glaube es. Aber wie, Zilla? Das ist die grosse Frage. Bleibst du beim väterlichen Glauben, oder — oder denkst du vielleicht —, dass der gekreuzigte Jesus der Messias ist?"

„Ich weiss nicht, was recht und wahr ist", war die Antwort der einfältigen Magd. „Was soll ich glauben? Sage mir's. Du hast mich noch nie hintergangen, was du mir sagst, das ist die Wahrheit, darauf will ich auch sterben."

Diese flehentlich gelispelten Worte fuhren Thamar wie ein Schwert durchs Herz. In diesen wenigen schrecklichen Augenblicken sollte sie, die doch selbst in so peinlichen Zweifeln umher geworfen wurde, entscheiden, auf welchen Glauben ihre liebe Zilla aus der Welt fahren und vor ihren ewigen Richter treten solle.

„O Zilla, Zilla!" rief sie; „was soll ich dir sagen? Schwebe ich doch selbst in meinem Glauben zwischen Himmel und Erbe!" Sie stand in schmerzlicher Bewegung auf, ging mehrmals händeringend hin und her und stöhnte: „O Gott, hab' Erbarmen mit mir, der armen, armen Sünderin! Gieb mir Licht — Licht — Licht!" Dann kniete sie wieder neben die abgezehrte, hohläugige Dienerin hin und sagte in einem Tone, der verriet, unter welchen Kämpfen sich jedes Wort aus ihrem Innern losrang: „Zilla, meine Zilla! kannst du, — so verlaß dich — auf — auf — Jesus!" Sie barg ihr blasses Angesicht im Kopfkissen neben Zillas Haupte.

Zilla hauchte mit einem leisen Druck der Hand, die in der Rechten Thamars lag: „Ich will es thun; lebe wohl!"

Die Krämpfe setzten ein, die Besinnung schwand und nach kurzer Zeit hatte die verschmachtete ihren Geist in die Hände ihres Schöpfers zurückgegeben.

Jetzt aber fielen allerlei Gedanken der Selbstanklage wie ein Schwarm von Hornissen über Thamars Seele her. „Habe ich sie vielleicht nicht doch in ihrer Todesstunde hintergegangen und sie auf einen falschen Glauben in die Ewigkeit gesandt?" Auf diese Frage liefen alle die hochgehenden Wellen der Aufregung in ihrem Herzen hinaus.

Maria, welche die letzten Worte noch gehört, fing eben an, ihre gequälte Schwester, die vor Seelenangst umsinken wollte, zu höhnen, als eine große Bande von Räubern, Mördern und Schändern, die der Hunger rasend gemacht und die vor keinem Greuel mehr zurückschraken, an ihrem Hause schreiend, lärmend und fluchend vorüber tobte. Zehn oder zwölf von ihnen aber stürzten wie hungrige Wölfe zur Thüre herein.

Maria griff entsetzt ihr Knäblein auf und floh durch die Küche hinaus. Eva flüchtete die Treppe hinauf und

Die Zerstörung Jerusalems.

verbarg sich in der Sommerlaube auf dem Dache. Zwei von den Wütenden sprangen vor Amarja hin und schrieen ihn an: „Heraus mit der Speise! Wo ist euer Brot? wo das Fleisch? die Feigen? die Oliven? der Wein?" Amarja sah sie ruhig an und schüttelte schweigend den Kopf. Zwei andere donnerten Thamar mit denselben Fragen an, während die übrigen durch alle Ecken und Winkel des Hauses liefen und suchten. Jene ersten zwei ergriffen Amarja, als sie keine Antwort von ihm erhielten, an seinem langen weißen Bart, rissen ihn zu Boden und begannen ihn unter scheußlichen Verwünschungen und Spottreden im Kreise umher zu schleifen.

Thamar stieß einen Schrei des Entsetzens aus und wollte dem Großvater zu Hülfe springen. Da erhielt sie von einem der Mordbrenner, die ihre Aufmerksamkeit für sich in Anspruch nehmen wollten, einen Schlag über den Scheitel, der sie bewußtlos zu Boden streckte.

Inzwischen hatten die andern noch einige Schläuche Wein im Keller entdeckt und kamen damit jubelnd heraufgeschleppt, und nun begann die ganze saubere Gesellschaft zu saufen, bis sie betrunken umhertaumelten und ihre tierischen Lüste entbrannten. Thamar und Zilla ließen sie für tot liegen, durchsuchten aber das Haus, und stiegen, so viele ihrer es noch konnten, auch nach oben. Hier fanden sie bald die zitternde und zum Tode erschrockene und erschöpfte Eva, fielen wie Bestien über sie her und begingen namenlose Verbrechen an ihr, bis sie ihre Seele aushauchte. Dann ließen sie die zu Tode Gemarterte auf dem Dache liegen und machten sich davon, um dasselbe höllische Spiel in einem andern Hause zu wiederholen.

Als Thamar wieder zu sich kam, war alles still im

Hause, aber ihre Sessel, Tische, Schränke, kostbaren Eß-
und Trinkgeschirre, Kleider, Bettzeug und leere Wein-
schläuche, alles lag durcheinander und übereinander geworfen auf dem Boden umher. Zilla lag noch, wie sie verschie-
den war, nicht weit von ihr aber lag jetzt auch der greise
Großvater tot. Sein Bart war zum Teil ausgerissen und
die weißen Haarbüschel flatterten im Luftzuge am Boden
umher, sein Angesicht war blutig und an Boden, Wänden,
Sesseln und Kleidern zeigten sich, wie sie trotz der stark
hereinfallenden Dämmerung noch deutlich sehen konnte,
viele Blutspuren. Vor ihren Füßen, aus einem umge-
stürzten Schranke herausgeworfen, lag eine alte, ehrwürdig
aussehende Schriftrolle. Thamar hob sie auf. Es war
der Prophet Jesaias.

Neuntes Kapitel.

Eine unerhörte That.

Mittlerweile kam der Untergang des Tempels und damit der Stadt und des Volkes mit langsamem aber eisernem
Schritte näher und näher. Suchen wir uns hier das weltberühmte Heiligtum der Juden ein wenig anschaulich zu
machen.

Die ganze Tempelfläche nahm einen Raum ein von
gegen tausend Fuß im Geviert, und eine Mauer umgab ihn
von zwölf Fuß Dicke, an deren Innernseite im Osten,
Westen und Norden Säulenhallen von fünfundvierzig Fuß
Breite hinliefen; an der Südseite aber zog sich eine dreifache
Halle hundertundfünf Fuß breit entlang. Der Boden dieser Hallen war mit buntfarbigen Steinen gepflastert und
das platte Dach derselben ruhte auf weißmarmornen Säu-

Die Zerstörung Jerusalems.

len, die aus einem Stück waren, und diente jetzt dazu, Truppen und sogar Kriegsmaschinen aufzustellen. Der Raum zwischen diesen prächtig verzierten Hallen und dem Tempelgebäude hieß der Vorhof der Heiden. Der Boden dieser offenen Fläche war mit buntem Marmor gepflastert. Hier war es, wo Jesus mit einem Stricke die Käufer und Verkäufer hinaus jagte und die Tische der Geldwechsler umstieß, weil sie seines Vaters Bethaus zu einer Mördergrube gemacht hatten. Wollte man aus diesem Vorhof in den inneren, so mußte man durch ein Gitter, vierundeinhalb Fuß hoch, das in Zwischenräumen mit kleinen Obelisken oder Pfosten besetzt war, welche auf hebräisch, griechisch und lateinisch die Inschrift trugen, daß kein Heide bei Todesstrafe hier eintreten dürfe, welche Drohung die Juden sogar an einem Römer, wenn er zu vermessen war, hatten vollstrecken dürfen. Vierzehn Stufen weiter hinauf umschloß eine vierzig Fuß hohe Mauer den inneren Vorhof, an dessen Innenseite ebenfalls Säulenhallen, und zwar doppelte, herumliefen, mit Sitzen für das Volk versehen.

Dieser Vorhof hieß auch der Vorhof der Weiber, weil die Weiber hier von den oberen Gallerien herab am öffentlichen Gottesdienst teilnahmen. Das Hauptthor im Osten, das Schöne genannt, war fünfzig Fuß hoch und von korinthischem Erz; auf seine Stufen legte man die Lahmen, um von den Tempelbesuchern Almosen zu betteln. Die Nord- und Südmauer hatten jede vier Thore. Noch fünfzehn Stufen höher, also auf der dritten Terasse, lag der Vorhof der Priester, der mit Säulengängen und Zellen für die Kleider der Priester und die Geräte des Tempeldienstes umschlossen war. Dieser Vorhof bestand aus zwei Abteilungen, die östliche hieß der Vorhof der Männer, die westliche der Vorhof der Priester und Leviten, wo die Priester opferten und beteten und die Leviten sangen und spielten. Hier stand der Brandopferaltar, der fünfzig Fuß lang und breit und fünfzehn hoch war. Von hier stieg man durch zwölf Stufen hinauf zum eigentlichen Tempelhaus, welches sich aus weißem Marmor hundert Fuß lang und breit und hoch erhob. Dieser eigentliche Tempel teilte sich in die Vorhalle, das Heilige und das Allerheiligste. In die Vorhalle führte ein siebzig Fuß hohes und ein fünf und zwanzig Fuß breites Thor ohne Thüre, als Sinnbild der offenen Himmelspforte. Es hatte einen vergoldeten Giebel und von demselben hingen mannslange goldene Trauben herab, als Sinnbild des geistlichen Segens. Gleich natürlichen Trauben wuchsen diese immer größer; denn häufig opferten Tempelbesucher Gold, um ein Blatt, eine Beere oder Traube hinzuzufügen. Aus dieser Vorhalle führten mehrere goldene Thüren, vor denen inwendig prächtige, glänzend farbige Vorhänge rauschten, in das Heilige, in welchem sich der siebenarmige Leuchter, der Schaubrottisch und der Räucheraltar befanden, alles aus gediegenem Golde. Auf dem Altar war jetzt das Feuer verloschen. Das Allerheiligste wurde verdeckt durch einen Prachtvorhang. Es war leer; denn die Bundeslade mit dem goldenen Deckel und den goldenen Cherubim darüber, der Gnadenstuhl des Alten Bundes, war längst verloren gegangen — ein sichtliches Zeichen, daß der wahre Gnadenthron Jesus Christus ist, der mit seinem einmaligen Eingang durch sein eigenes Blut das Allerheiligste des Himmels allen Sündern weit aufgethan hat. Das vergoldete Dach des Tempels war, um die Vögel und ihre Besudelung abzuwehren, ringsum mit langen eisernen Stäben besetzt, die vergoldete Spitzen hatten. Das ganze Tempelgebäude

Die Zerstörung Jerusalems.

war innen vergoldet und von außen mit Goldplatten belegt und samt seinen Vorhofsmauern aus riesigen weißen Marmorquadern erbaut. Und so ragte das großartige Heiligtum in seinen drei übereinander aufsteigenden Terassen wie ein gewaltiger Schneeberg, vom Morgenrot übergossen, majestätisch in die Lüfte, der Stolz der Juden und das Staunen der Heiden. Beim Ausgang aus dem Tempel hatten die Jünger voll Verwunderung zu Jesu gesprochen: „Meister, siehe, welche Steine und welch ein Bau ist das!" Jesus hatte geantwortet: „Wahrlich ich sage euch, es wird hier nicht ein Stein auf dem andern bleiben, der nicht zerbrochen werde!"

Titus riß, um an den Tempel zu kommen, die ganze Antonia nieder, nur den Turm an der Südostecke, welcher der größte war, sowie die beiden Säulenhallen, die zum Tempel liefen, ließ er stehen. Es war jedoch sein aufrichtiges Verlangen, des Tempels, dieses wundervollen Bauwerks, woran er sich nicht satt sehen konnte, zu schonen, und darum ließ er durch Josephus und Simri den Juden das Anerbieten machen, den Kampf auf offenem Felde auszufechten. Allein er wurde von Johannes höhnisch abgewiesen. Auf viele Priester und vornehme Juden aber machte die Rede der Abgesandten tiefen Eindruck und sie entflohen zu den Römern. Titus nahm sie freundlich in Schutz und versprach, ihnen ihr Eigentum später wieder zu geben.

Während dieser Zeit machte Simri mit äußerster Gefahr seines Lebens mehre Versuche, verkleidet und bei Nacht irgendwo in die Oberstadt einzudringen, um die heißersehnte Thamar zu suchen und zu retten. Allein die wachsamen, fanatischen Krieger Simons vereitelten jedesmal sein Unternehmen vollständig. Er wagte endlich kaum mehr zu hoffen, daß er ihr geliebtes Angesicht je lebendig wiedersehen werde.

Jetzt entschloß sich Titus zum letzten Vernichtungskampf. Er begab sich auf den stehengebliebenen Turm der Antonia, wo er alles überschauen konnte. Der untere Raum dieses Turms wurde zu einem Lazareth eingerichtet, wo Simri nebst anderen reichlich Gelegenheit hatte, seine Heilkunst auszuüben, wo er auch Tag und Nacht nicht abließ, seiner geliebten Braut vor Gott in heißer Fürbitte zu gedenken. Um drei Uhr nachts wurde ein Angriff gemacht. Die Krieger Roms schlichen die Säulenhallen entlang, unten und auf den Dächern. Aber die Juden waren wachsam. Ein blutiger Kampf entstand und die Leichnahme verstopften das Thor des Vorhofs. Sieben Stunden lang währte das Gemetzel und die Juden blieben Sieger.

Während die Römer dann Wälle gegen die nördliche Mauer aufwarfen, machten die Belagerten einen Ausfall gegen die Scharen am Oelberg um fünf Uhr nachmittags, um sie bei ihrer Hauptmahlzeit zu überraschen und, wenn auch als ungeladene Gäste, daran teilzunehmen, oder etliche Pferde und Kamele für ihren Hunger zu erbeuten. Allein sie wurden zurückgeschlagen und mussten mit leeren Magen und Händen fliehen. Ein nachsetzender römischer Reiter mit den Knochen und Muskeln eines Faustkämpfers ergriff einen Flüchtling, trug ihn, mit einer Hand am Fuße ihn haltend, im Galopp zu Titus und warf ihn vor seine Füße hin. Es war der Knecht Nathans. Auf einen Wink des Feldherrn hieb der Reiter mit seinem mächtigen Säbel dem Juden auf einen Schlag das Haupt vom Rumpfe, daß es blutig am Boden hinrollte.

Die Zerstörung Jerusalems.

Am 19. Juli hieben die Juden dreißig Fuß von der westlichen Säulenhalle, die den Tempel mit der Antonia verband, nieder und steckten das übrige in Brand. So waren sie selber die ersten, welche dieses verzehrende Element auf ihr Heiligtum losließen. Zwei Tage später zündeten die Römer vom Norden her die östliche Halle an, und nun waren die Juden genötigt, auch von dieser eine Strecke niederzureißen, um die heranbrausenden Flammen vom Tempel abzuhalten. Jetzt standen die Tempelmauern, von allem Anbau entblößt, als ein vollkommenes Viereck da, und damit hatte sich zum Entsetzen der Juden ein alter prophetischer Spruch, der unter ihnen umlief, erfüllt, welcher lautete: „Sind ein Viereck einst die Mauern, wird der Tempel nicht mehr dauern." Ihre trotzigen Herzen waren jetzt sehr entmutigt. Nun war auch der Wall auf der Westseite beinahe fertig und von ihm aus erstiegen die Römer mittelst Leitern die Mauer und sprangen auf das Dach der an der Innenseite hinlaufenden Hallen. Die wenigen Juden, die hier standen, flohen absichtlich und die Römer folgten in immer größerer Zahl, bis das ganze Dach besetzt war. Schon erhoben sie ein Siegesgeschrei, als sie sich plötzlich auf allen Seiten in Flammen und Rauch eingehüllt sahen. Johannes hatte das hohle Dach mit trocknem Brennstoff, Stroh, Pech und Schwefel ausgestopft und es jetzt, als die Feinde in seine Falle gegangen waren, im rechten Augenblick angezündet. Von den verwegenen Römern, die ohne Befehl von Titus dieses Wagstück unternommen, wurden viele verbrannt, manche erstickt, andere erstachen sich selbst, noch andere sprangen mitten unter die Juden in den Vorhof hinunter und wurden von den wütenden Hungerleidern in Stücke gehauen, oder warfen sie auf der andern Seite hinab und blieben tot auf dem felsigen Boden liegen, und wieder andere liefen in ihrer Todesangst auf der Mauer hin und her, bis sie von den Juden herabgeschossen wurden. Einer von ihnen, Namens Artorius, schrie von der Mauer seinen Kameraden unten zu: „Wer mich auffängt, soll mein Erbe sein!" Ein vierschrötiger Kriegsknecht stellte sich hin. Artorius sprang in seine Arme herab und wurde gerettet, der andere aber wurde so heftig auf das Steinpflaster niedergeschleudert, daß er kein Glied mehr rührte. Am Tage darauf gelang es jedoch den Römern, den Vorhof der Heiden in ihre Gewalt zu bekommen, und die Juden mußten sich in den auf der zweiten Terasse liegenden innern Vorhof zurückziehen, dessen Mauern durch Kriegsmaschinen gedeckt waren.

Zu denen, welche sehr geneigt waren, sich unter den Schutz der Römer zu flüchten, gehörte jetzt auch Thamar. Denn obwohl sie in ihrem Herzen den entscheidenden Schritt zur Annahme des christlichen Glaubens noch nicht gethan hatte, so war doch ihr hergebrachter und anerzogener Glaube bis in seine tiefsten Fugen hinein erschüttert, und der baldige Untergang ihrer Vaterstadt und ihres Volkes stand ihr jetzt als unzweifelhaft gewiß vor Augen. Auch zog eine heimliche Hoffnung, am Ende doch Simri bei den Römern zu finden, mächtig durch ihr Herz. Ihre Schwester Maria wollte durchaus nicht mit, und da Nathan, Joram, Amarja, Zilla und Eva, wie auch Nathans Knecht, bereits zu den Toten zählten, Marias Mägde gänzlich verschollen waren und Eleazar immer toller und unbezähmbarer umherraste, so konnte sie es nicht übers Herz bringen, ihre Schwester mit ihrem unmündigen Knäblein in dieser Mördergrube, wozu die Stadt jetzt in ihren Augen geworden war, allein zu lassen,

Die Zerstörung Jerusalems.

und sie beschloss, als Maria unbeweglich blieb, bei ihr auszuhalten und ihr Schicksal zu teilen.

Nachdem die Leichen aus dem Hause geschafft worden, hatte Thamar nichts Eiligeres zu thun gehabt, als die gefundene Jesaiasrolle aufzuwickeln und darin zu lesen. Sie las und forschte jeden Tag mit steigender Aufmerksamkeit und Begierde. Die ersten Strahlen der Morgensonne fanden sie oft schon über dem vergilbten Pergament gebeugt und in sinnende Betrachtung versunken. So saß sie da am Morgen, nachdem die Römer durch die List des Johannes die oben erzählten Schlappe erlitten hatten und blickte, in Gedanken verloren, über den Tempel und Ölberg hinüber in den Morgenhimmel, der sich immer mehr rötete. In das Morgenrot stiegen noch einzelne Streifen Rauchs von den niedergebrannten Trümmern des äußern Vorhofs empor, während die Verteidiger des Tempels auf ihren Lorbeeren ausruhten. Maria lag noch mit ihrem Kindlein im Schlafe. Ach, wie einsam war es jetzt um Thamar. Die Welt war ihr jetzt so öde, so öde. Ihre Wangen waren hohl, ihre herrlichen Augen eingesunken, das Angesicht bleich, ihre Hände zitternd vor Schwachheit. Ihr Leib war hungrig, ihre Seele aber noch hungriger. Und sie griff wieder zur Schrift des heiligen Propheten Gottes. Sie wusste nirgends mehr Rat und Trost zu finden als bei dem Worte des Gottes, der nach seiner eigenen Beschreibung ist barmherzig und gnädig und geduldig und von großer Güte und Treue; der da beweist Gnade in tausend Glied und vergiebt Missethat, Übertretung und Sünde, und vor welchem niemand unschuldig ist. Da kam sie auch über den Abschnitt, der bei uns das 53. Kapitel bildet. Da las sie unter anderem: „Er war der Allerverachteteste und Unwerteste, voller Schmerzen und Krankheit. Er war so verachtet, daß man das Angesicht vor ihm verbarg. Darum haben wir ihn nichts geachtet."

Sie hielt inne und sann, und das Bild dessen, der als ein Spott der Leute und Verachtung des Volkes am Kreuze hing, trat mit packender Lebendigkeit vor ihre Seele. Sie las weiter: „Fürwahr, er trug unsere Krankheit und lud auf sich unsere Schmerzen. Wir aber hielten ihn für den, der geplagt und von Gott geschlagen und gemartert wäre. Aber er ist um unserer Missethat willen verwundet und um unserer Sünde willen zerschlagen. Die Strafe liegt auf ihm, auf daß wir Frieden hätten, und durch seine Wunden sind wir geheilt." Sie sann wieder. Verwunderung und Erstaunen lag auf ihrem Angesichte. Ihr Atem stand beinahe still. Ihre Augen wurden feucht. Sie las weiter, indes ihre Glieder anfingen zu zittern, mit thränengetrübten Blicken: „Wir gingen alle in der Irre wie Schafe, ein jeglicher sah auf seinen Weg. Aber der Herr warf unser aller Sünde auf ihn. Da er gestraft und gemartert ward, that er seinen Mund nicht auf, wie ein Lamm, das zur Schlachtbank geführt wird, und wie ein Schaf, das verstummet vor seinem Scherer und seinen Mund nicht aufthut. Durch sein Erkenntnis wird er, mein Knecht, der Gerechte, viele gerecht machen; denn er trägt ihre Sünde. Darum will ich ihm große Menge zur Beute geben und er soll die Starken zum Raube haben, darum, daß er sein Leben in den Tod gegeben hat und den Übelthätern gleich gerechnet ist und er vieler Sünde getragen hat und für die Übelthäter gebeten."

Thamar wußte nicht, wie ihr geschah. Es wurde ihr heiß und kalt. Sie rieb sich die Augen, als könne sie kaum

Die Zerstörung Jerusalems.

glauben, daß es wirklich so bastehe. Sie las diese Stelle wieder und immer wieder. Sie warf die Rolle herum und besah sie von allen Seiten, ob es auch wirklich der Prophet Jesaias sei. Es fiel ihr wie Schuppen von den Augen. "Kann es denn möglich sein? Gott im Himmel, ist er es doch?" Die Erschütterung ihrer Seele war bei ihrer großen Schwachheit zu stark, sie sank ohnmächtig vom Sessel.

Sie erwachte jedoch bald und erholte sich wieder. Denn was jetzt ihr Herz erfüllte, schien eine wunderbar aufrichtende, tröstende und heilende Kraft im Innersten ihrer zerrissenen, kranken Seele auszuüben. Um mit Gott und ihren Gefühlen allein zu sein, beschloß sie, ihren regelmäßigen Morgengang nach Speise jetzt sogleich, ehe Maria erwache, anzutreten. Denn es kam ihr vor, als würden jetzt alle Hohnreden ihrer Schwester, die sofort die Spuren des Geschehenen an ihr entdecken mußte, eine Entweihung dessen sein, was ihre Seele bis in die tiefste Tiefe hinein ergriffen hatte.

Und so ging sie aus und durchwanderte, wie hundert und tausend andere Halbverschmachtete, die Straßen und Gassen der Stadt. Ihr Herz war anfangs noch so voll, daß ihre Augen wenig oder nichts sahen. Doch das Elend und der Jammer, der ihr allenthalben entgegentrat, riß mit Gewalt ihre Aufmerksamkeit auf sich. Wo das Geringste zum Vorschein kam, was wie etwas Eßbares aussah, da stürzten sich oft zehn auf einmal darauf und die nächsten Freunde schlugen und rauften sich darum. Die Leichname lagen, wohin sie sich auch wenden mochte, auf Haufen und in allen erdenklichen Stellungen umher, und der ekelhafte Geruch, der von vielen verwesenden aufstieg, schnürte der Jungfrau fast den Hals zu. Manche hatten noch Heu oder ein Stück Leder zwischen den Zähnen. Knaben und alte Männer wankten daher wie Schemen, heulten in der Qual ihres Hungers wie tolle Hunde und taumelten wie Betrunkene gegen die Thüren der Häuser. Thamar wich ihnen aus und wäre dabei fast über ein Weib gefallen, die auf der Gasse in den letzten Zügen lag und an deren welken Brüsten ein weinender Säugling vergeblich zerrte. Ihr Herz wollte ihr vor Mitleid springen. Allein sie mußte das jammernde Kindlein seinem Schicksal überlassen; denn sie war ja selbst nahe am Verhungern. Sie bog mit bebenden Tritten nach Süden. Da kam ihr eine Schar von Jungfrauen entgegengetanzt, die einander an der Hand hielten, sinnlose Lieder sangen und auch Thamar an der Hand ergriffen, um sie mit in ihren Kreis zu ziehen. Als sie zurückwich, wurde sie von den Mädchen mit Blicken angeglotzt, die ihr deutlich sagten, daß sie samt und sonders vor Hunger wahnsinnig geworden seien. Sie sprangen wie Verrückte im Kreise herum, bis sie gänzlich erschöpft zu Boden stürzten, und die eine begann, in der Raserei des Hungers, ihre Zähne in ihren eigenen entblößten Arm einzuhauen und ein blutiges Stück Fleisch herauszureißen.

Schaudernd eilte Thamar weiter. Aus einer offenen Thür drang ein herzzerreißender Hülfeschrei ihr entgegen. Als sie näher kam, warf sie einen Blick hinein. Da wurde ein armes Weib von zwei Bestien zermartert, daß der Jungfrau die Haare zu Berge stiegen. Als sie sich umwandte, ergriff auf der andern Seite der Straße soeben ein junger Bengel ein Kind, das ihm seine Handvoll Gerste nicht geben wollte, hob es in die Höhe und warf es auf das steinerne Pflaster nieder, daß der kleine Schädel aufbarst.

Dann verschlang er mit der Gier eines Wolfes die erbeutete Gerste.

Sie kam in die Nähe des Mistthores. Hier stand ein kleines Haus, aus welchem ein Stöhnen wie das Röcheln Sterbender an ihr Ohr schlug. Die Thür war verschlossen, aber ein Fenster ließ sich aufmachen. Da lag ein Mann, ein Greis und fünf Kinder tot am Boden, neben ihnen die Überbleibsel eines verzehrten Hundes, und die Mutter des Hauses wand sich in schrecklichen Krämpfen. „Wir haben zu hastig gegessen, wir waren so hungrig!" hauchte sie, als sie Thamar vor dem Fenster erblickte. Thamar klomm hinein, um der Armen zu helfen, wo sie könne. Allein kaum hatte sie das Haupt derselben auf ihren Schoß gehoben, als alles mit einem letzten Seufzer still wurde. Thamar wurde es unheimlich. Sie sammelte hurtig die Reste des Hundes und ein paar Handvoll gerösteten Weizens, der auf den Boden gestreut war, barg es in Taschen und unter ihrem Obergewande, so gut es ging, und machte sich eiligst auf den Heimweg. Vor Heißhunger konnte sie es nicht lassen, schon unterwegs die Hälfte des Weizens zu essen. Das bemerkten einige von einer umherziehenden Räuberbande. Augenblicklich ward sie ergriffen und alles, was sie bei ihr fanden, ihr entrissen. Sie bat flehentlich, ihr doch etwas für ihre verschmachtete Schwester zu lassen. Allein die entmenschten Räuber stießen sie von sich mit den höhnischen Drohworten: „Danke dem Baal, daß wir dir nicht auch noch den Leib aufschlitzen!"

Indem sie eine kleine Strecke flüchtete, um diesen Bestien zu entgehen, gelangte sie auf eine Anhöhe, von wo sie über die Mauern hinausschauen konnte. Unwillkürlich zog es sie, ihren Schleier zurückzuschlagen und nach dem Orte hinunterzublicken, wo Zilla ihren unvergeßlichen Simri wollte gesehen haben. Da wurde sie gewahr, wie einige römische Kriegsknechte im Kidronthal eben daran waren, einen gefangenen Juden ans Kreuz zu schlagen, und in ihrer fieberhaft aufgeregten Phantasie glaubte sie in dem Unglücklichen ihren Verlobten zu erkennen. Sie griff mit beiden Händen nach ihrem Kopfe, als wirbelte ihr Gehirn. Sie zitterte; der letzte Rest des Blutes floh aus ihren Wangen. Es wurde ihr schwarz vor den Augen. Mit dem durchbringenden Aufschrei: „Simri!" taumelte sie an der Seite der Straße nieder.

Bald nachdem Thamar fortgegangen, war auch Maria aufgewacht. Der Hunger, der beißender als je in ihren Eingeweiden nagte, hatte ihren unruhigen Schlaf mit gräßlichen Traumbildern gestört und jetzt, noch ehe die Sonne erschien, allen Schlummer von ihren matten, fieberisch glühenden Augenlidern verscheucht. Als sie die Abwesenheit Thamars gewahr wurde, stand sie wie gelähmt da, sie wurde vor Angst und Zorn bleich und rot. „Auch du hast mich verlassen? Thamar, auch du?" so stöhnte sie verzweifelt. „O die Falsche! Noch gestern, als ich nicht mit ihr zu unsern Todfeinden entfliehen wollte, hat sie versprochen, bei mir und meinem Kinde auszuhalten. O die Falsche! Wem kann man noch trauen! Die Welt geht aus den Fugen, und die Natur selbst wird zur Unnatur."

Bisher hatte ihre Schwester immer noch alle Gefahren bestanden, die Stadt alle Morgen durchsucht und ihr so viel oft mit unsäglicher Mühe und Angst herbeigeschafft, daß sie notdürftig den äußersten Hunger hatte befriedigen können. Aber was nun anfangen, da Thamar, wie sie meinte, sie verlassen hatte. Sollten ihre eigenen zarten Füße jetzt die

Die Zerstörung Jerusalems.

steinigen Straßen durchwandern, ihre niedlichen Hände in der brennenden Sonne um Speise ringen, ihr vornehmes Antlitz von dem ungeschlachten Gesindel auf den Gassen sich trotz des Schleiers unverschämt anstarren lassen?

Das entsetzliche Nagen und Reißen des Hungers ergriff sie jetzt so sehr, daß sie schier ohnmächtig wurde. „O Gott!" stieß sie hervor, „lebtest du, du würdest mir auch zu leben geben. Essen! Essen! Wo finde ich zu essen?" Sie durchsuchte das ganze, wohl schon zehnmal durchsuchte Haus. Aber sie kam leer zurück und stöhnte: „Nicht eine Krume!" Todesangst sprach aus ihrem Angesichte.

Aus Trauer um ihren Gatten ging sie immer noch barfuß; allein soeben erblickte sie den einen ihrer Sandalen am Fußende ihres Bettes. Sie griff ihn auf und fing an, gierig an dem Leder zu kauen. Allein es war so hart und zähe, daß ihre Zähne nichts davon abnagen konnten. Da schleuderte sie die Schnürsohle wütend zu Boden, streckte die Hände empor und lästerte Gott im Himmel und fluchte den Römern.

Jetzt fing auch ihr Knäblein an so jämmerlich vor Hunger zu schreien, daß es einen Stein hätte erbarmen können. Seine Mutter trat vor das Bett und sah ihn an. „O du unglückseliges Kind!" sagte sie dann. „Wenn der Hunger uns nicht umbringt, so wird uns das Schwert fressen, und schlägt uns das Schwert nicht, so werden die Römer Mutter und Sohn in die Sklaverei verkaufen. Komm, ich will dich speisen!"

Sie nahm ein Messer und schnitt in ihren linken Arm, ergriff ein Gefäß und fing das fließende, warme Blut auf. Sie hielt es ihrem Sohne zum Munde dar. Als das Knäblein aber schmeckte, wollte es nicht trinken.

Plötzlich kam ein Blick in ihre tiefliegenden Augen, der so unheimlich leuchtete, als stamme er aus der Hölle, ein Blick, wie er im Auge des Tigers funkelt, wenn er sich niederkauert zum Sprunge auf ein wehrloses Lamm. „Komm!" sagte sie, indem sie ihr Knäblein krampfhaft angriff, „sei deiner Mutter Speise und ein Sprichwort unter allen Völkern, ein Fluch über die Mörder deines Vaters!" Damit nahm sie ein Messer und durchschnitt den Hals des Kindes, daß das Blut über ihren Busen spritzte. Sie zog ihm, als es aufgehört hatte zu zucken, das Hemblein aus, zündete ein Feuer in der Küche an und legte den Sohn ihres Leibes darauf, alles mit eiskalter Ruhe, aber bleich wie der Tod. Kaum war die gräßliche Speise gar, so setzte sie sich hin und aß fast die Hälfte davon. Da kam eine Bande verhungerter Strolche, durch den Geruch des gebratenen Fleisches angezogen, hereingestürmt und verlangte drohend und fluchend nach der Speise. Maria setzte ihnen die andere Hälfte ihres Sohnes vor. Die Unmenschen flohen entsetzt zum Hause hinaus.

Als Thamar endlich halbtot nach Hause kam und ihrer Schwester mit Herzeleid erzählen wollte, wie ihr das wenige, das sie gefunden, geraubt worden sei, merkte sie alsbald, daß etwas Ungeheures geschehen sein müsse.

„Ich habe Speise!" sagte Maria mit einem bittern Lächeln.

„Was hast du? was ist?" fragte Thamar mit klopfendem Herzen.

„Komm und sieh!" sagte ihre Schwester, ging voran in die Küche und zeigte ihr die Überreste.

„Wo — wo — wo ist dein — dein Kind?" kreischte

Die Zerstörung Jerusalems. 109

Thamar und vor Grauen schreiend, daß es Mark und Bein durchschnitt, floh sie davon.

Das Gerücht von dieser unerhörten That verbreitete sich mit Windeseile durch die ganze Stadt und drang auch in das Lager der Römer. Als Titus es hörte, reckte er tief erschüttert seine Hände gen Himmel und rief: „Gott ist mein Zeuge, daß ich unschuldig an diesem Greuel bin. Ich habe ihnen Frieden angeboten, aber sie haben nicht gewollt."

Am Tage darauf erwachte die Reue bei Maria. Es war ihr, als sei der Ölberg auf ihr Herz gefallen. Ihre Gewissensangst wurde fürchterlich, schauerlich, unerträglich. In schreiender Verzweiflung lief sie hinaus, kletterte mit übermenschlicher Anstrengung unterhalb des Herodespalastes auf die Mauer und stürzte sich in das Hinnomthal hinunter. Sie wurde an den Felsenvorsprüngen zerschmettert und blieb auf dem Grunde der schauerlichen Schlucht unbegraben, ein Fraß der Raben und Hunde, liegen.

Zehntes Kapitel.

Das Gericht.

Thamar irrte inzwischen ratlos einige Tage in der Stadt umher. Ihr Kopf brannte ihr. Die Schauder erregende That ihrer Schwester erschien ihr als die thatsächliche Vollstreckung der Drohung, die Gott durch seinen Knecht Moses ausgesprochen und woran Simri sie erinnert hatte. Und damit war der letzte Widerstand ihres Herzens gebrochen. Das ganze Gebäude ihres pharisäischen Glaubens war jetzt zusammengestürzt. Zugleich aber erfuhr sie auch die Kraft des Evangeliums, das Jesaias ihr geprebigt. Denn der Morgenstern ging auf und der Tag brach an in ihrem Herzen. Jesus, die Sonne der Gerechtigkeit, fing an, immer heller zu funkeln und zu leuchten, und erwärmende, belebende, erquickende Strahlen in die Nacht ihrer Seele zu werfen. Sie konnte wieder beten und um Licht, Gnade und Trost flehen. Und jetzt kam ihr Gebet ganz anders von Herzen, es quoll und sprudelte von selbst aus der Tiefe ihrer Seele empor und brachte eine wehmütig süße Beruhigung mit sich. Und obwohl ihr Gebet sich noch nicht direkt an den Gekreuzigten richtete, so war er doch bereits im Grunde ihres Herzens als der Gesandte Gottes anerkannt, ohne daß sie es sich selber bis jetzt offen zu gestehen gewagt hätte. Jerusalem war ihr aber jetzt zu einem wahren Sodom und Gomorrah, zu einem offenen Thore der Hölle geworden. Es schien ihr, die Fundamente aller Paläste und Thürme, ja der Berge selbst, auf denen sich die Stadt erhob, müßten wanken und krachen. Es war ihr, als müßte die Erde ihren Mund aufthun und die ganze verruchte Stadt, wie einst die Rotte Korahs, in den Abgrund verschlingen.. Sie versuchte darum auch mehrmals, sich irgendwo hinauszustehlen und zu den Römern zu flüchten. Allein entgegenstarrende Lanzenspitzen hatten sie überall zurückgescheucht. Ihre Wohnung war ihr durch Marias That zu einem solchen Greuel geworden, daß sie es mehre Tage nicht vermochte, dahin zurück zu kehren. Doch das Erbarmen mit ihrer entsetzlich verirrten Schwester ließ ihr keine Ruhe, und so ging sie, wenn auch mit zitternden Knieen, zu ihrem väterlichen Dache zurück, wo sie alles leer und öde fand, aber bald durch Nachbarn das schreckliche Ende ihrer Schwester erfuhr.

Sie hatte sich im Schmerz so recht von Herzen ausge=

weint, als das Getrampel vieler tausend Füße und das
wunderliche Geschrei und tolle Gejauchze aus Tausenden
von Kehlen immer näher kam. Sie erhob sich von ihren
Knieen und trat mit ihren rotgeweinten Augen ans Fenster.
Da zog eine bunt zusammengewürfelte Volksmenge vor ihrem
Hause vorüber und an ihrer Spitze Eleazar, ihr Vater. Die
Sonne goß eine fast unerträgliche Glut herab und das dürre
Erdreich war überall zerlechzet. „Gelobt sei, der da kommt
im Namen des Herrn! Bereitet den Weg dem Gesalbten
des Herrn! Er kommt, er kommt, er kommt! Gürtet eure
Lenden! Er wird unsre Feinde auf den Backen schlagen
und zerschmettern die Zähne der Römer!" So stimmte
Eleazar an und die hinter ihm her taumelnden Scharen
nahmen solche Losungsrufe auf und jauchzten, schrieen,
krächzten und brüllten wie ein endloser Wiederhall sie nach.
Manche erhitzten sich dabei so sehr, daß sie vom Sonnenstich
getroffen tot niedersanken. Die andern Schwärmer aber
schritten unbekümmert und fühllos über sie hinweg und ließen
sie wie tote Hunde in der offenen Sonne liegen.

Thamar schlug, von neuem Schmerze überwältigt, ihre
Brust und ihr Herzeleid ergoß sich in bittern Thränen.

Das donnernde Gestöße der Sturmböcke, die Titus
jetzt gegen die westliche Mauer des Tempels spielen ließ,
erdröhnte durch die ganze Stadt, machte aber an allen Enden
die Herzen mehr erzittern, als die Mauer. Der Römer
ließ stärkere Maschinen in Anwendung bringen und zwar
sechs Tage lang; aber umsonst. Er versuchte, mit eisernen
Stangen und Hebeln die Thore zu sprengen; umsonst.
Einige Steine waren alles, was sie ausbrechen konnten.
Die Angreifer versuchten, die Mauer zu ersteigen. Allein
die Juden schlugen sie nieder und warfen die Leitern um,

daß die Stürmenden rücklings auf das Steinpflaster niederstürzten und alle Knochen im Leibe brachen. Und einige Feldzeichen, welche die Römer mit auf die Mauer gebracht, wurden von den Juden erbeutet, zur unauslöschlichen Schande für diese Römer, von denen keiner wieder in Reih und Glied treten durfte. Darauf ließ Titus das nördliche Thor anzünden. Die silbernen Platten daran schmolzen und rannen auf die Marmornen Stufen nieder, und die zunächst stehenden Hallen fingen auch Feuer. Wie wilde Tiere, die von einem brennenden Walde umschlossen sind, starrten die Juden auf die Verheerung und keine Hand rührte sich, um zu löschen. Die ganze Nacht und den folgenden Tag wütete das Feuer. Endlich ließ Titus selbst die Flammen austhun und die Trümmer aus dem Wege räumen, damit seine Legionen eindringen könnten.

So brach im Jahre 70 nach Christi Geburt der verhängnisvolle 10. August an, ein Tag, der schon schwarz im Kalender der Juden angestrichen war, weil an ihm einst der Tempel Salomos durch den König von Babylon zerstört worden war. Die Juden machten am Morgen durch das östliche Thor einen Ausfall mit dem Mute der Verzweiflung. Schon begannen die Römer zu weichen, als Titus selbst wieder vom Antoniaturme mit seinen Reitern herbeisprengte, und nun sahen sich die Juden bald mit Verlust wieder in den Tempel getrieben. Dann wurde auf beiden Seiten mehre Stunden lang alles still. Es war die Stille vor dem letzten, schrecklichen Ungewitter.

Während die verschmachteten, verblendeten und rasenden Verteidiger des Tempels, Simon und Johannes an der Spitze, diesen ihren letzten verzweifelten Ausfall wagten und mit blutigen Köpfen in ihr selberwähltes Gefängnis zurückgeworfen wurden, machte Thamar, die vor Hunger nun auch fast ihrer Glieder nicht mehr mächtig war, sich auf, um noch einmal zu versuchen, ob sie nicht irgendwo ein wenig Nahrung finden könne; wenn auch dieser Versuch fehlschlage, wie in den letzten Tagen so oft, so wollte sie sich hinlegen, ihre Seele in Gottes Hand befehlen und sterben. Schon zwei Stunden lang war sie umhergewandert und hatte nichts gefunden, als in einer Mauerritze etwas Moos und am Fuße des Mariamneturmes einen tot herabgefallenen Vogel, welches beides sie mit Gier verschlungen. Es war nahezu Mittag und die Sonne glühte, als wollte sie das Mark in den Knochen schmelzen. Thamar hatte sich auf einen großen Kieselstein am Wege im Schatten eines Hauses gesetzt, um auszuruhen und sich dann nach Hause zu schleppen. Da kam eine wilde Bande lärmend um die Ecke dahergetaumelt, die offenbar irgendwo in der Nachbarschaft Wein entdeckt und sich berauscht hatte. Als sie Thamar erblickten, sprangen gleich drei oder vier auf sie zu, der frechste von ihnen schlang seinen Arm um ihren Hals und sagte, indem er sich vor sie hin bückte und mit seinen trunkenen Augen sie schamlos anlachte: „Komm, Kätzchen, laß uns das Leben genießen!" Mit einem heftigen Stoß warf die Jungfrau den unverschämten Strolch zurück und entsprang wie ein gescheuchtes Reh. In einem halben Dutzend aber flammte, als sie die hohe Gestalt enteilen sahen, die fleischliche Begierde noch wilder auf und sie jagten der Aufgeschreckten nach.

Die Angst vor dem Verluste dessen, was ihr teurer war, als das Leben, lieh ihr Flügel und gab ihr unerwartete Kräfte. Sie lief, immer von den betrunkenen und ihr unflätig nachrufenden Wüstlingen gefolgt, über die Brücke an den Türmen Simons und Johannis vorbei, bog dann rechts an der Tempelmauer hinab nach Süden, ohne zu wissen, wo sie Zuflucht vor ihren höllischen Verfolgern finden solle; sie lief links nach Osten und wieder links um den Palast Salomos herum nach Norden die Anhöhe Opfel hinauf. Ihr Atem wollte ausbleiben, ihre Pulse flogen, ihr Angesicht glühte und ihre Knie wollten zusammensinken, und immer noch hörte sie die wüste Horde hinter sich her keuchen und fluchen. Ein Aufschrei der Todesangst entrang sich ihrem gequälten Herzen und flehte zu dem Schirmer der Unschuld empor. „Jesus von Nazareth!" schrie sie in ihrem Herzen, das springen wollte, „rette mich, und ich bin dein auf ewig!"

Da erblickte sie an der Felswand, die ihr entgegenstarrte, etwa fünfzehn Fuß vom Boden, eine Öffnung wie eine Thür und eine steinerne Treppe, die zu ihr hinauf führte. Mit letzter, übermenschlicher Anstrengung flog sie die Stufen hinan und warf sich in die dunkle Öffnung hinein. Sie fiel auf einen steinernen Boden, kroch auf Händen und Füßen noch eine kurze Strecke in das Finstere vorwärts und sank dann zum Tode erschöpft dahin; ihre Sinne schwanden.

Die Thür, in welche Thamar bei dieser verzweifelten Hetze gejagt worden, war der Eingang zu dem berühmten unterirdischen Gang, welchen Salomo von hier, dem südlichen Abhang des Moriah, bis zu der Pforte des innern Tempels, dem Brandopferaltar gegenüber, hatte ausmauern lassen und durch welchen dieser glänzende König selber oft mit den Großen seines Reiches sich in den Tempel begeben. Er war die Bewunderung der Königin von Saba

Die Zerstörung Jerusalems.

gewesen. Seine Länge betrug 250 und seine Breite 42 Fuß. Er stieg sanft aufwärts, war mit kunstvoll behauenen Steinen ausgemauert und das Gewölbe mit gewaltigen Steinpfeilern gestützt. Einzelne Öffnungen oder Fenster von oben verschafften ihm ein mattes Dämmerlicht. Er befand sich jetzt jedoch bei weitem nicht mehr in so gutem Zustande, wie zur Zeit seines weisen Erbauers.

Als Thamar aus ihrer todesähnlichen Erschöpfung sich wieder auf sich selbst besinnen konnte, drückte sie ihre marmorbleiche Stirn gegen das feuchte, kalte Pflaster und ihre durch und durch erschütterte Seele brach unter krampfhaftem Schluchzen in das Gebet aus: „O Jesu, du Gekreuzigter von Golgatha! Hier liege ich verlorene Sünderin, ich fluchwürdiger Wurm vor deinen Füßen. Erbarme dich mein, erbarme dich mein! In deine Arme werfe ich mich auf Tod und Leben. Gehe ich unter, so gehe ich dir unter. Lebe ich, so lebe ich dir. Laß mich erfahren, daß du mein Gott und mein Erlöser bist!"

Da wurde ein Lärmen und Schimpfen am Eingang immer lauter. Viele rauhe, grobe und vom Wein heisere und lallende Männerstimmen klangen durcheinander.

„Wo ist die schöne Tochter des neuen Propheten?"

„Hier in Salomos Gang ist sie geflüchtet!"

„Schurke, du lügst, du hast sie beiseite geschafft, um sie für dich allein zu behalten!"

„Da hast du eins auf dein Lästermaul!"

„Friede hier!" sagte ein anderer. „Wir sind alle gleiche Brüder des Hungers und des Todes. Alles ist uns gemein, auch die schönen Dirnen! Kommt, laßt uns doch das vermaledeite Gewölbe des alten Tyrannen untersuchen!"

Thamar taumelte auf und drang, so rasch sie bei dem Halbdunkel und ihrer Ohnmacht konnte, vorwärts. Die Luft um sie wurde immer dicker vom Geruch verwesender Leichname. In ihrer Hast stolperte sie über einen dunklen Gegenstand und fiel hin. Es war ein Toter, dessen verfaultes Fleisch durch den Stoß von Thamars Fuße auseinander fiel. Einige zwanzig Schritte weiter wimmerte ihr ein leises Ächzen entgegen. Er kam von einer Frau, die am Boden lag und verschmachtete. Drei Kinder lagen neben ihr, bereits verhungert. Die Flüchtige beugte sich zu ihr nieder, um ihr wenigstens ein Trostwort zuzuflüstern. Da schnappte das Weib mit gefletschten Zähnen nach ihr und riß ein kleines Stück Fleisch aus Thamars linker Hand, so daß ihr Blut auf das Angesicht der Unglücklichen niedertropfte. Thamar stöhnte auf vor Schmerz. Dann sagte sie, da ihre Verfolger zu zögern schienen: „O bejammernswerte Leidensgenossin! Gott ist barmherzig und gnädig und geduldig und von großer Güte und Treue. Er beweist Gnade in tausend Glied und vergiebt Missethat, Übertretung und Sünde. Er hat seine Verheißung erfüllt und den Messias gesandt, Jesus von Nazareth."

„Du lügst!" hauchte die Sterbende, wandte ihr Angesicht mit halb schon gebrochenen Augen etwas auf die Seite, als wolle sie nichts mehr hören, und verschied. Jetzt kamen da vorne die scheuen Gestalten bewaffneter Männer den Gang herab aus dem Tempel. Es war der eiserne Beherrscher der Juden, Simon, und etliche hochstehende Begleiter, die jetzt den Tempel, das noch übrige Heer und alles den siegreichen Römern preisgaben und durch Flucht ihr Leben zu retten suchten. Thamar duckte sich rasch in den Schatten eines Pfeilers. Die Flüchtlinge eilten dicht an ihr vorüber dem Ausgange zu, wo sie den eindringenden Wüstlingen begegneten. Einer von diesen erkannte sofort den gewaltigen jüdischen Anführer und murmelte erstaunt: „Ha, Simon! Auf der Flucht!" Augenblicklich erhielt er von dem vorbeihuschenden Anführer für sein vorlautes Wort einen Schwerthieb über den Schädel, daß er lautlos zusammenbrach. Jetzt wurde auch das Getöse, welches da vorne von der Tempelstätte hernieder in dieses Gewölbe erscholl, immer lauter, immer schauerlicher und ein Krachen wie von zerplatzenden Marmorblöcken dröhnte donnerähnlich in diesen dunklen unterirdischen Räumen wieder. Thamar, die den Ausruf des Niedergeschlagenen gehört, erkannte sofort, daß jetzt die Römer Herren des Tempels sein müßten, und, vorwärts blickend, sah sie, daß die Flüchtlinge die Pforte des innern Tempels in ihrer Eile nicht fest wieder verschlossen, sondern die Thür nur angelehnt hatten; denn der Widerschein eines Feuers, das im Tempel wüten mußte, flackerte durch die Spalten herein und ein erstickender Rauch begann das Gewölbe zu erfüllen. Rasch entschlossen rief sie: „Jesu, in deinem Namen vorwärts!" raffte ihre letzten Kräfte zusammen und schleppte sich auf die Pforte zu.

In den Nachmittagsstunden dieses Tages kamen lange Prozessionen in bunten Scharen vom Zion hernieder und aus andern Teilen der Stadt über die Brücke gezogen und sammelten sich zu Tausenden bei dem Tempel an. Es war Eleazar mit seinen Anhängern.

„Kommet zuhauf", rief er, „ihr Knechte Jehovahs, bei seinem Heiligtume! Da wird er euch erscheinen in seiner Herrlichkeit. Sein Gesalbter wird sich auf seinen Stuhl setzen. Sein Zorn wird plötzlich entbrennen über eure Feinde. Euch wird er Manna vom Himmel geben. Achtet auf die Stimme seines Herolds und folget mir nach. Machet Bahn, machet Bahn dem, der da kommt!"

Er ging voran und verhungernde Menschen zu Hunderten und Tausenden beteten, sangen, jubelten, weinten, jammerten, heulten und strauchelten hinter ihm drein. Durch ein Thor der Südmauer verschafften sie sich Eingang in den äußern Vorhof. Der selbstgesandte Elias stieg auf das Dach der dreifachen Säulenhallen Salomos und die Massen, die sich von ihm hatten bezaubern lassen, klommen ihm mit wankenden Knieen bei Fünfzigen und Hunderten nach.

Der Tag war beinahe dahin. Der ruhige Sommerabend kam heran und mit ihm wehten kühlere Lüfte. Titus wollte sich in seinem Turme schon zur Ruhe begeben, um am andern Morgen einen allgemeinen Angriff zu machen. Allein die untergehende Sonne schien zum letztenmal auf die schneeweißen Marmormassen des wundervollen Tempelbaus, und ihr flammender Widerstrahl nahm auf ewig Abschied von den goldenen Zinnen des von Gott verlassenen Heiligtums. Denn Titus wurde plötzlich aus seiner Ruhe aufgestört durch den Ruf: „Der Tempel in Feuer!" Die Juden hatten sich nämlich unvermutet zum letzten, zuckenden Todeskampfe auf die Römer geworfen, während diese noch mit dem Wegräumen des Schuttes beschäftigt waren. Da riß, ohne Befehl, ein römischer Soldat einen noch glühenden Feuerbrand aus den Trümmern der zerstörten Hallen, schwang sich auf den Rücken eines Kameraden und schleuderte den Brand oben durch ein Fenster in eins der Seitenzimmer des innern Vorhofs. Alsbald stiegen Rauch und Flammen auf. Als die Juden es gewahr wurden, erscholl aus zehntausend Kehlen zugleich ein ungeheurer Schrei des

Die Zerstörung Jerusalems.

Schreckens zum Abendhimmel hinauf. Sie griffen, wütend vor Zorn, zum Schwert und sprangen vorwärts mit dem verzweifelten Entschluß, entweder das Feuer zu löschen und den Frevel an ihrem Heiligtum im Blute der Römer auszutilgen, oder mit ihrem Tempel unterzugehen. Titus, von Simri begleitet, eilte mit seiner Leibwache herbei. Alle seine Offiziere folgten und die Legionen drängten in Masse nach. Er forderte mit Rufen und Gebärden Römer und Juden zum Löschen auf. Aber in der wilden Aufregung, in dem unbeschreiblichen Durcheinander, das jetzt entstand, blieb seine Stimme ungehört und seine Winke unbemerkt. Seine Legionen stürmten immer gewaltsamer nach. In ihrer tollen Hast traten sie viele von ihren eigenen Kameraden unter die Füße. Einer stachelte immer den andern auf und wo einer einen Feuerbrand losreißen konnte, da schleuderte er ihn wütend gegen den innern Tempel. Zu Tausenden wurden unbewaffnete Juden hingeschlachtet. Die Toten lagen in großen Haufen um den Altar, und das rote, warme Blut floß in Strömen über die weißen Marmorstufen hinunter. Als Titus sah, daß all seine Anstrengungen, den Tempel zu retten, verloren seien, winkte er Simri zu sich und sagte: „Simri, komm mit mir und erkläre mir, was ich sehe!"

Darauf drang er rasch, von Simri gefolgt, vorwärts in das Heilige und Allerheiligste, um das Innere dieses gerühmten Heiligtums zu schauen, bevor es zum Aschenhaufen werde. Der gewesene Jude und junge Christ erklärte dem heidnischen Feldherrn in kurzen Worten alles, was ihnen aufstieß, insonderheit den Räucheraltar, den Schaubrottisch, den siebenarmigen Leuchter, sowie das leere Allerheiligste mit seinem Vorhang. Als sie wieder heraustraten, war der

Römer so voll Erstaunen über die Herrlichkeit des Gesehenen, daß er, obgleich die Feuersbrunst unterdessen mächtige Fortschritte gemacht, seinen eigenen Kriegern entgegensprang und sie förmlich bat, den Flammen doch Einhalt zu thun. Allein die heiße Aufregung des Kampfes, der alle Schranken durchbrechende Grimm gegen die Juden und der unersättliche Durst nach Raub trieb die Römer unaufhaltsam vorwärts. Denn alles um sie her, alle Wände, Säulen und Thüren in dem erhabenen Gebäude blitzten von Marmor, Silber und Gold, und das blanke Metall schimmerte und funkelte in den ringsum ausbrechenden Flammen so verlockend in ihre Augen, daß sie sich um Titus nicht mehr als um Simon oder Johannes kümmerten und wie Besessene tobten, stachen und schlugen auf alles, was ihnen vor die Klinge kam.

Titus stand eben bei dem Brandopferaltar und Simri tief erschüttert neben ihm, im Begriffe, machtlos zurückzuweichen und die unbändige Wut der Kämpfenden ausrasen zu lassen. Der Rauch drang in immer dickeren Wolken herein. Das Getöse der Schlacht, das Geschrei der Kämpfer, das Jauchzen der Sieger, das Ächzen der Verwundeten, das Röcheln der Sterbenden, die Verwünschungen der Zurückgetriebenen, das Brausen der Feuersbrunst, die immer näher kam, das alles machte diese einst heilige Stätte, die der Sohn Gottes selbst mit seiner Gegenwart verherrlicht, jetzt zu einer unsäglich schauerlichen. Da that sich plötzlich dem Altar und den beiden Männern gegenüber die Pforte in der Südwand auf und eine Frauengestalt wankte daraus hervor. Vom Rauch halb erstickt, von Todesangst gejagt, von Hunger erschöpft und übermenschlicher Anstrengung überwältigt, sank sie mit einem Seufzer ohnmächtig auf den

Die Zerstörung Jerusalems.

Mosaikboden vor ihren Füßen hin. Es war Thamar. Ihre Stirn hatte eine Schramme vom rauhen Gestein im Gewölbe, ihr reiches schwarzes Haar floß aufgelöst um die Schultern, die linke Hand war mit Blut bedeckt, das Obergewand verloren, das Untergewand teilweise zerrissen, die bloßen Füße zerkratzt und blutend, die tiefliegenden Augen blutunterlaufen und Todesschrecken und Todesmattigkeit in den edlen, einst so schönen Gesichtszügen.

"Ha! welch ein Weib!" stieß Titus beim Anblick der immer noch königlichen Gestalt heraus. Unwillkürlich that er einen Schritt vorwärts, um ihr aufzuhelfen. Aber schon sprang Simri hinzu mit einem Ausruf des Entsetzens, der dem Römer alles sagte: "Allmächtiger Gott, Thamar!" Er ergriff ihre Hand, rieb ihre Stirn und richtete sie teilweise in die Höhe. "Thamar, o meine Thamar! muß ich dich so wiederfinden. Stirb mir nicht unter den Händen! Öffne die herrlichen Augen noch einmal! Allbarmherziger Heiland, rette meine Braut!" Simri rang flehend seine Hände gen Himmel.

"Das ist deine Braut also!" sagte der Feldherr. "Wahrlich sie ist der Rettung wert! Hinweg mit ihr von hier, wo der Tod in tausend Gestalten niederregnet!"

Simri, der in der Freude und dem Schmerze, die zugleich sein Herz durchfuhren, sich beinahe verlor, hob sofort, ohne ein Wort zu erwidern, die Ohnmächtige auf seine starken Arme und trug die teure Bürde, während Titus selbst voranging und durch seine Legionen Bahn machte, nach seinem Lazareth im Turm.

Hier wusch er ihre Stirn und Vorderarme mit Wein und flößte ihr von der belebenden Flüssigkeit etwas in den Mund. Als sie zu seinem unaussprechlichen Entzücken ihre

Augen aufschlug, gab er ihr kleine Bissen Brot, in Wein erweicht, zu essen und, seiner ärztlichen Weisheit gemäß, in kurzen Zwischenräumen mehr und mehr, bis sie ihrer Sinne völlig mächtig wurde und wieder etwas zu Kräften kam. Sie konnte erst ihren eigenen Augen gar nicht glauben, daß sie gerettet und bei Simri sei.

Als sie sich der wunderbaren Hülfe ihres Heilandes und seiner Erhörung ihres Gebets so recht bewußt wurde, fiel sie Simri mit strömenden Thränen an die Brust und flüsterte mit vor Freude bebender Stimme: „Simri, die Scheidewand zwischen deinem und meinem Herzen ist gefallen. Dein Gott ist mein Gott und dein Heiland ist mein Heiland. Jesus von Nazareth hat mein Herz gewonnen."

Simri, schon von Freude durchbebt über das Wiedersehen und die Rettung seiner Braut, konnte, als er dies hörte, vor Wonne nicht reden, sondern nur seine Augen entzückt gen Himmel richten, aus denen Perlen der Freude und des Dankes über seine Wangen niederrannen.

Als der erste Ausbruch der Freude vorübergerauscht war, hatte Thamar tausend verwunderte Fragen an Simri zu richten und fiel ihm dabei immer wieder um den Hals mit weinendem Entzücken und frohlockendem Danke gegen Gott, daß sie ihren Simri wirklich ungekreuzigt, lebendig, leibhaftig umschlungen halte.

Der freundliche Leser kann sich eher vorstellen, als wir zu beschreiben vermögen, mit welchem Verlangen und Erstaunen sie aus seinem Munde hörte, wie er bei dem Feldherrn der Römer sich aufgehalten, um eine Gelegenheit zu ihrer Rettung zu erhaschen, und er hinwieder von ihren holden Lippen der Erzählung lauschte, wie der barmherzige Vater im Himmel sie so wunderbar durch Angst und Schmerz

Die Zerstörung Jerulalems.

und Hungersnot und Todesgefahren hindurch zur Erkenntnis seines Sohnes geführt hatte. Wie vorher im Schmerze, so musste Thamar jetzt in ihrer Wonne Gott anrufen, dass er ihr Kraft gebe, sie zu ertragen.

Überlassen wir diese beiden freudetrunkenen Menschen ihren vertraulichen Herzensergüssen und werfen wir noch einen letzten Blick auf das untergehende Heiligtum der Juden!

Kaum waren Titus, Simri und Thamar weg, als ein Römer unbemerkt einen flammenden Brand zwischen Thür und Angel steckte und in unglaublich kurzer Zeit loderten nun auch Heiliges und Allerheiligstes in lichten Lohen. Vor dem Rauch, dem Feuer, dem schmelzenden Gold und Silber und den in der Glut platzenden Marmorquadern mussten Juden und Heiden jetzt zurückweichen, und also fiel der herrliche Bau seinem gänzlichen Untergang anheim. Einzelne Teile des heiligen Gebäudes fielen, eins nach dem andern, mit donnergleichem Krachen zusammen, in das Feuermeer versinkend, und dicke schwarze Wolken Rauchs, durchzüngelt von roten Flammen, schossen in den nächtlichen Himmel hinauf. Die ganze Höhe des Moriah glich einem feuerspeienden Berge und bot einen schauerlich erhabenen Anblick dar.

Im Widerschein der immer riesiger aufsteigenden Flammenschichten konnte man auf den Dächern der Oberstadt tausend und aber tausend bleiche, angstverzerrte Gesichter erblicken. Die siegestrunkenen Römer aber jauchzten und liefen unter Rauch und Lohen verwegen hin und her, zu rauben, was sich rauben ließ; die Juden, die im Feuer umkamen, schrieen; unterschiedslos und massenhaft wurden alt und jung, Männer und Weiber, Krieger und Priester,

Leviten und Schriftgelehrte hingeschlachtet; die Feuersbrunst, die ins ungeheure wuchs, sauste und heulte darein, die Dächer brachen ein, die Mauern fielen um,—es war eine Nacht so voll Grauens, wie die Weltgeschichte keine zweite kennt.

Eleazar und seine Gläubigen waren jetzt alle auf dem Dache der salomonischen Hallen, an die 6000 Seelen, Männer und Weiber, Greise und Kinder. Als schon die Flammen aus dem Tempeldache schlugen und den Abendhimmel blutig röteten, sprang Eleazar noch immer wie ein Wahnsinniger unter den Verführten umher und schrie:

„Jetzt wird der östliche Himmel aufbersten und der Messias in seinem Glanze erscheinen. Harret aus, harret aus! Schon steht unser Retter auf dem Sprunge. Ich hebe meine Augen auf und schaue ihn. Schon steht er neben seinem feurigen Rosse, das gezäumt und gesattelt ist. Das Schwert in seiner Rechten flammt. Er setzt seinen Fuß in den Steigbügel. Er wartet, bis ihr sein in der größten Not begehrt. Betet, schreiet, harret aus!"

Und sie lagen auf ihren Angesichtern, auf ihren Knieen, streckten die Arme gen Himmel, rangen ihre Hände blutig, beteten, schrieen, heulten. Aber aus dem Osten wollte kein Glanz erscheinen, nur immer finsterer sank die Nacht daher. Manche schienen auch wie erstarrt und gebannt zu sein, daß sie ihr schmerzdurchfurchtes Angesicht nicht von dem rasenden Elemente wegwenden konnten, das immer gieriger an ihrem verehrten Heiligtum fraß, als fräße es an ihrem eigenen Leben.

Plötzlich schlugen die Flammen an allen Enden unter den Hallen, auf denen sie sich befanden, herauf und hüllten in wenig Minuten die ganze ungeheure Menschenmenge wie ein Segeltuch ein. Manche blieben verzweifelt liegen, an-

Die Zerstörung Jerusalems.

dere sprangen auf und rannten wie toll hin und her, schrieen, beteten und fluchten auf ihren Verführer. Da fing das Dach unter seiner Last hier und da an zu wanken, bald brachen Hunderte durch und dann Tausende und endlich stürzte das Ganze unter donnerndem Getöse ein. So sank Eleazar inmitten seiner 6000 Verführten in die Flammen hinunter, wie von Wogen des Meers verschlungen; nicht eine Seele entkam.

Als das Feuer das Werk der Verwüstung vollendet, zog die ganze römische Armee in die Tempelstätte hinauf, pflanzte ihre Banner und ihre Adler unter den rauchenden Ruinen auf, brachte den Göttern für den errungenen Sieg Opfer dar und rief unter allgemeinem Zujauchzen Titus zum römischen Kaiser aus. Die Beute, womit sie ihre Raubgier sättigen konnten, war unermeßlich. Viele kostbare Gefäße des Tempels, unter andern der goldene siebenarmige Leuchter, wurden später bei dem großartigen Triumphzuge des Titus in Rom öffentlich zur Schau getragen.

In kurzer Zeit eroberte Titus auch die Oberstadt, ließ den Tempel und die ganze Stadt, was davon noch stehen geblieben war, dem Boden gleich machen und kehrte als ruhmgekrönter Sieger mit Johannes und Simon als Gefangenen nach Rom, der Beherrscherin der damaligen Welt, zurück, wo Johannes lebenslang eingekerkert und Simon hingerichtet wurde. Was von den Juden nicht durch Hunger, Pest, Schwert oder Feuer umgebracht war, das wurde für einen Spottpreis in die Sklaverei verkauft und in alle Welt zerstreut. Das war das Gericht Gottes über das verstockte Jerusalem.

Simri führte Thamar, nachdem ihre Kräfte durch

Speise und Trank und liebreiche Verpflegung einigermaßen wieder zugenommen, behutsam mit sich aus den Trümmern ihrer Vaterstadt, über welche Jesu Weissagung buchstäblich in Erfüllung gegangen war, nach Pella, zu den geflüchteten Christen, wohin sie jetzt mit willigem, ja verlangendem Herzen mitging. Sie ließ sich im Worte der Wahrheit mit demütigem Herzen unterrichten, bekannte mit freudigem Munde den Glauben an Jesum von Nazareth als den Heiland der Welt, und wurde durch die Taufe in die Kirche des neuen Bundes aufgenommen. Nachdem sie ein Jahr lang um ihren Vater, ihre Schwester, ihren Bruder und übrigen Geliebten getrauert, wurde sie die glückliche Gattin des glücklichen Simri.

www.ingramcontent.com/pod-product-compliance
Lightning Source LLC
Chambersburg PA
CBHW031337160426
43196CB00007B/710